中華書局

中國新生代農民工

MIGRANT LABOR
IN CHINA

潘毅 著

牛穎 譯

□ 責任編輯：黎耀強
□ 封面設計：高 林
□ 排 版：沈崇熙
□ 印 務：劉漢舉

中國新生代農民工

□
著者
潘 毅

□
譯者
牛 穎

□
出版
中華書局（香港）有限公司
香港北角英皇道 499 號北角工業大廈一樓 B
電話：(852) 21372338　傳真：(852) 27138202
電子郵件：info@chunghwabook.com.hk

□
發行
香港聯合書刊物流有限公司
香港新界大埔汀麗路 36 號
中華商務印刷大廈 3 字樓
電話：(852) 21502100　傳真：(852) 24073062
電子郵件：info@suplogistics.com.hk

□
印刷
美雅印刷製本有限公司
香港觀塘榮業街 6 號 海濱工業大廈 4 樓 A 室

□
版次
2018 年 3 月初版
© 2018 中華書局（香港）有限公司

□
規格
32 開（210mm×153mm）

□
ISBN：978-988-8512-07-2

本書英文版 *Migrant Labor in China: Post-Socialist Transformations*,
2016 年由 Polity Press 出版

目　錄

參考文獻

鳴謝

第一章

新自由主義世界中的
中國和中國工人

　　「工人階級」這個詞，嚴格地說，從來不是特指具體的某一群人，而是用以說明一個不斷地發展着的社會過程的名詞。

——哈里·布雷弗曼：《勞動與壟斷資本》（1978：26）

　　讓我們在新工人階級的主角 —— 中國農民工 —— 的帶領下，來到世界工廠。與毛澤東時代社會主義工人階級的性質完全不同，今天的新工人階級，是以農民工為主體，他們是本書關注的對象。我將此書獻給新工人階級，因為這個階級在過去的二十年中，不斷向我展示出豐富的、具有反省性的、有時甚至自相矛盾的經歷。這個階級在工作組織、宿舍勞動生活、階級感受和階級行動等方面有着豐富生動的經歷，他們是我們了解新自由主義中國的關鍵。跟大多數貶低馬克思階級理論重要性的後現代文獻不同，階級仍是本書的中心概念，在當代資本主義主要矛盾的語境下，階級為理解工人階級的生活提供了有效的分析武器。

　　在過去的三十年中，中國已經發展成為世界工廠。中國重新塑造了二十一世紀的全球經濟史和世界勞動史。但是，這一偉大轉變卻體現了中國革命的吊詭之處，後者曾經試圖終結蠶食中國古老版圖的帝國主義和資本主義（Blecher 2010; Perry and Selden 2010）。為了理解這一吊詭之處，我們必須弄清楚

中國工人的生活，因為他們既是世界工廠的主體，也是世界工廠的奴隸。在全球化的時代，中國崛起成為「世界工廠」，形成了由幾億人組成的新工人階級，這為我們理解勞動主體及勞動階級在塑造全球資本主義改革空間過程中的重要性，提供了一個非西方的視角。E. P. 湯普森曾經說過，儘管我們不能像計算日出那樣精確地計算工人階級出現的時間，我們還是得承擔這一不可能完成的任務，只是因為我們生活在二十一世紀的新自由資本主義時代。這個時代更多地在呼喚「歷史的終結」，而非創造挑戰舊歷史、創造新歷史的新的勞動主體。創造自在且自為的新勞動階級的鬥爭不僅重塑了中國，而且也重塑了世界範圍內的階級關係和階級鬥爭。

三十年的後社會主義轉變已經徹底地改變了中國，將中國跟新自由主義世界緊密地聯繫在了一起。這個曾經被視為發展中國家的社會主義國家，現在卻塑造着、挑戰着全球經濟。但是卻很少有人關注新工人階級的形成，這一階級包括二億七千萬的農民工和一億的國企下崗職工，他們在各行各業工作，形成了新的勞動主體。新千年伊始，中國「世界工廠」不可避免地要組織新工人階級，同時也由這個新工人階級所組成，於是這一階級便結構性地體現了資本的控制和工人的反抗。為了理解這個新階級及其反抗政治，我們必須將其置於全球資本主義發展的語境、中國社會主義的轉變以及改革開放等語境下進行考察。

　　第二次世界大戰結束後的黃金時代，因為始於七十年代的一系列經濟危機而終結。對全球經濟的重塑源於全球範圍內資本主義「擴大再生產」加速發展，其目的是為了解決生產和流通領域內資本積累的危機，而這一危機不可避免地體現在資本的矛盾中。生產過剩、生產力的發展、利率下降和技術創新，這些因素一方面導致了資本從製造業流向房地產業和金融業，另一方面卻又導致了資本在製造業的不斷聚集，比如電子業和汽車業。在不斷變化的製造業部門，我們發現品牌創立、設計、技術創新與工廠生產已經脫鈎。在跨國資本和世界著名品牌的壟斷下，這種脫鈎魔術般地通過全球供應鏈和生產鏈而重新連接了起來（Applebaum 2008; Hamilton, Petrovic and Senauer 2011）。

　　當代資本主義的擴大再生產，在中國和世界其他地方導致了階級關係的快速重構。技術和信息的發展創造了超級靈活的資本流，新勞工的跨國流動則繼續在破壞現有的階級關係。

　　西方霸權所犯的根本性錯誤是宣佈了「工人階級」和階級矛盾的終結（Clark and Lipset 1991; 2001; Gorz 1997; Houtman, Achterberg, and Derks 2009）。西方霸權在所有領域內塑造着西方的學術界，並且通過文化殖民滲入了非西方的知識界。告別「階級」的理論與「歷史的終結」理論（Fukuyama 2006）相互勾結。

　　但是西方學術界和主流媒介對「階級」的告別，並沒有消

除西方社會的階級關係，相反，西方社會正面臨着深刻的階級衝突，如嚴重的社會不平等、高失業率和不穩定的生活。階級和階級矛盾因為全球資本流動，而進入第三世界國家，將中國推向了鬥爭的前線。後現代理論認為新技術和新生產方式的使用代替了傳統的階級主體（Hardt and Negri 2005），但是工人數量的絕對增長挑戰了這一理論。向新自由主義資本主義的轉向影響了整個世界，使二十世紀共產主義革命的種種努力化為烏有，結束了西方福利資本主義體系的黃金時代。新自由主義資本主義試圖摧毀社會主義在促進經濟平等、人類解放和人民民主過程中創造的各種成果。這一創造性破壞在全球仍在繼續，直到新自由主義世界最後獲勝，且讓改革後的中國也成為其中一員。

新自由主義世界的勝利標誌着資本有了機會，能以大規模投資和離岸生產的形式，入侵社會主義中國這一夢寐以求之地。自上世紀七十年代末，全球資本進入了快速擴張的階段，滲入非資本主義的或社會主義的民族國家，為資本流動、技術轉移、生產原材料和市場的佔有以及充足勞動力的使用消除了全部障礙。資本集中或壟斷的戰略是通過全球供應鏈和生產鏈的激增而實現的，最好的例子就是蘋果公司和富士康集團，它們分別在 2014 年的全球五百強中排名第五位和第三十位。

今天，如果説中國是全球資本夢寐以求的、可以使資本以不可思議速度和規模進行積累的夢想之地，那麼我們則認為中

國同時也創造了一個新的工人階級，這個階級由農民工和城市中的窮人組成，他們正在成為新的政治主體，塑造着中國工人運動的未來，同時也在尋求世界勞工的國際主義。

中國世界工廠的誕生

近幾年，「世界工廠」這個詞通常用來描述中國為全球製造商品的能力。世界工廠這一概念，只有在全球資本的擴大再生產以吸納非資本主義國家的經濟與社會生活的語境下才能得到理解。在上個世紀，全球資本主義在將社會主義體制整合進資本積累的過程方面取得了勝利。隨着八十年代初中國開始改革開放，全球資本和私營資本進入出口加工區，社會主義中國在發達資本主義國家將工業轉移至南半球的浪潮中，已經成為市場經濟。中國政府積極引入市場導向的機制，為了加入世界貿易組織（WTO）和其他世界組織付出了巨大的努力。中國現在以「世界工廠」而聞名，它從世界各地，特別是香港、台灣、日本、韓國、美國和西歐等地，吸引了大量的跨國企業（TNCs）。

西方的政府，不管在政治上偏左還是偏右，都十分羨慕中國取得的經濟成就，羨慕媒體報道中驚人的財政數字，羨慕北京和上海標誌性的城市天際線。從 2003 年開始，中國超過美國成為世界第一大的外國直接投資（FDI）目的地國。2005

年，中國成為世界第三大貿易國，位列美國和德國之後。2006
年，中國以 22,260 億美元的 GDP 快速成為世界第四大經濟
體，2010 年中國超過日本成為世界第二大經濟體。除了在數量
上取得了驚人的經濟增長外，中國的製造業也在結構上開始進
入高端產品時代。2013 年，中國出口的電動、電子和高科技產
品價值累計達 192,580 億美元，佔出口總值的 87%。今大，中
國已經成為世界二百多種產品的頂級生產商，七種包括服裝、
彩電、洗衣機、DVD 播放器、照相機、冰箱、空調、摩扎
車、微波爐、電腦顯示器、拖拉機和自行車。[1]

　　中國的勞動力佔世界總數的 29%，在這座巨形的「世界工
廠」中，勞動力成本非常低廉，只佔墨西哥的六分之一和美國
的四十分之一（Lee 2002; Robinson 2010）。[2] 世界銀行 2014 年
6 月 1 日的數據顯示，2013 年中國人均 GDP（6,807 美元）只
排到世界第 84 位。[3] 快速發展和廉價勞動力成本之間的矛盾，
引發了勞工研究者、勞工活動家和記者們的抨擊，他們批評中
國在全球化時代「逐底競爭」（race to the bottom）中所扮演
的角色（Chan 2001; Chan 2003; Friedman and Lee 2010; Scott

1　中華人民共和國海關總署，2014 年 11 月 8 日，http://customs.gov.cn/publish/
　　portal0/tab49667/info691897,htm。
2　伊恩・羅賓遜（2010）認為，考慮到比索貶值和人民幣升值，墨西哥的勞
　　動成本並不像很多人以為的那樣比中國高很多。
3　http://data.worldbank.org/indicator/NY.GDP.PCAP.CD .

2012）。[4] 中國是西方反對「血汗工廠」運動的靶子之一。近幾年，媒體對中國崛起和經濟發展的報道，在西方工人及相關組織中間引發了對中國工人階級的不同感受。對很多人來説，常見的迷思之一是「中國工人偷了我們的工作」。美國工會聯盟即美國勞工聯合會－產業工會聯合會（AFL-CIO）要求美國政府對中國進行貿易限制，認為中國應對在美國消失的 250 萬個製造業崗位負責。[5] 這是中國威脅論的背景之一。

　　雖然一些中國經濟學家認為，工廠工作和其他工作形式一樣，在很大程度上提高了中國農民的生活水平，這樣農民就不用在田間地頭辛苦勞作了，但是本書在翔實的田野調查和詳細的報告材料的基礎上，探尋了新工人階級的真實現狀。這些資料來自於我參與的各種研究項目，特別是仍在進行中的關於建築行業、電子業和紡織服裝業工人親身經歷和抗爭的研究。這些民族誌式的數據是通過深度訪談、調查和半結構化問卷這些常用方法獲得的。大多數田野研究都是在多地進行的，我們也經常進行回訪。

　　眾所周知的是，全球各地的工人都在「逐底競爭」的生產博弈中相互鬥爭，看誰會接受最低的工資和收益，接受最悲慘

4　See Robert Scott's article, China toll at http://www.epi.org/publication/bp345-china-growing-trade-deficit-cost/

5　http://www.aflcio.org/Press-Room/Press-Releases/AFL-CIO-s-Industrial-Union-Council-Joins-Fair-Curr.

的工作和生活環境。在這個博弈中，看起來好像是中國為勞動密集型出口工業化領域的全球工人設定了「底線」。但是，國際資本快速流向中國，並不僅僅是為了獲得廉價的勞動力和低廉的土地，也是為了獲得勤勞、熟練、受過良好教育的中國打工者，他們願意在糟糕的環境中工作，進行即時生產，同時也是諸如 iPhone 和 iPad 之類全球產品的潛在客戶。中國成為「世界工廠」的境況為中國新工人階級提供了成長的土壤，目前，新工人階級遍佈全國，如工地、車間、公司和辦公室，無論資本的性質、勞動的部門和形式如何。

在過去三十年中，全球資本和一心改革的政府共同將中國變成了「世界工廠」。這是世界工廠形成的背景，中國新工人階級現已登上歷史舞台，通過勞動謀生，並且開始了他們一生的鬥爭。本書探尋了全球新自由主義的資本主義在當代中國的興起，它塑造了中國工業化和城鎮化的進程，從結構上形成了新工人階級。長遠看來，這個階級沒有其他選擇，要麼順應潮流，要麼逆流抗爭。

新自由主義轉向

馬克思主義的基本信條之一，便是資本主義體系中存在着不可克服的矛盾。二十世紀的兩次世界大戰，就是資本主義體系內矛盾不斷積累的結果（Silver 2003）。世界大戰致使長期

積累的矛盾得以暫時緩解，促使以英國和美國為首的資本主義國家改變了發展戰略，對資本主義體系進行了一系列的調整。戰後，在美國發揚壯大的凱恩斯主義加強了國家對經濟的干預，國家投資建設了一批政府公共工程，增加了就業崗位，提供了農業補助，提高了美國人均支付能力。在歐洲，特別是北歐國家，國家實行社會民主，推行福利政策。政府通過再分配政策，控制了資本流動，增加了公共支出，推行所謂「從搖籃到墳墓」的終身福利體制。這些福利體制在某種程度上成功地提高了大眾的社會福利水平，抑制了階級矛盾，有助於維護社會秩序。

但無論是凱恩斯式的國家干預，還是福利國家政策，都沒有真正挑戰資本的利益或者壟斷資本家階級的控制，這些措施只不過是在局部對社會再分配進行了調整，並沒有真正觸及生產方式和生產關係。這樣的調整只能暫時緩解階級對抗，並不能從根本上解決資本主義的內在矛盾，即生產的社會化和生產資料私有制之間的矛盾。這就是為什麼截止到上世紀七十年代，資本主義很難預防深層危機再次出現的原因（Harvey 2010, 2014）。高水平的福利已經開始同高水平的資本積累產生矛盾，而福利國家無法從根本上解決這種矛盾。

不難理解的是，福利國家曾試圖調解資本和工人之間的內在矛盾。這帶來了沉重的財政負擔，令福利國家政策難以為繼。從新自由主義的角度來看，高稅收、高福利支出和政府政

策會鼓勵窮人無所事事，令經濟增長放緩，增加政府負擔，而這一負擔最終壓在了資本的頭上。與此同時，工人力量不斷壯大，他們討價還價的能力水漲船高，導致工資和福利增長，資本的生產成本隨之增長。這意味着資本所得的剩餘價值不斷降低。於是出現了以保護資本為目的的反擊。這是新自由主義產生的歷史起源。

新自由主義反對凱恩斯主義提倡的國家干預以及不同類型的社會民主，其經濟立場可以總結為經濟自由化、私有化、市場化和國際一體化。新自由主義的支持者們堅信市場擁有可靠的自我調節功能，相信自由主義市場經濟能夠通過價格調節，實現資源的最優配置。他們相信自由主義是最為有效的經濟體系。他們反對任何形式的國家干預，將社會主義和計劃經濟看成是「通往奴役之路」（Hayek 2009）。他們還支持資本和自由貿易不受約束，試圖創造一個「平的世界」，[6] 這樣資本就可以不受任何形式的阻礙，在全球自由流動了。

1979 年戴卓爾夫人當選英國首相，第二年羅納德‧列根當選美國總統。新自由主義從思想流派一躍成為影響權力和左右政治經濟政策的意識形態。戴卓爾夫人和列根都堅信新自由主

---

6 《世界是平的》一書在中國曾是風靡一時的暢銷書。作者托馬斯‧弗里德曼擁護經濟全球化和自由貿易，主張打破民主國家之間的貿易壁壘，來創建一個理想化的平的世界，這樣資本就可以在全球自由流動了。

義。他們憑藉強有力的支持，在國內推動私有化，大幅削減福利，攻擊工人階級，打擊工會力量。在戴卓爾夫人看來，「別無選擇」。[7] 在英國和美國的帶領下，主要的資本主義國家，包括法國、德國和意大利，開始轉向新自由主義。與此同時，不斷惡化的經濟危機也加劇了資本主義國家內部的階級矛盾，迫使資本爭相將危機引向第三世界國家。

以美國為首的西方資本主義國家，以政治、經濟、軍事和文化霸權等方式，強行進入第三世界國家，推廣新自由主義政策，為壟斷資本的全球擴張創造條件。跨國資本通過投資建設世界港口、飛機場和高速公路，移除了阻礙它們進入這些經濟體的實體障礙。跨國資本還借助各種國家組織和國際組織的力量，例如國際貨幣基金組織、世界銀行和世界貿易組織，將自由主義調整（neoliberal restructuring）——即著名的「華盛頓共識」——引入負債累累的第三世界國家（Harvey 2010），在制度層面為資本的全球流動掃清了障礙。

與此同時，在意識形態相互碰撞的前沿，西方國家僱用媒體和教育機構，不遺餘力地推廣新自由主義。美國大學訓練了一大批來自第三世界國家的經濟學家，讓他們在新自由主義的信條下接受教育。這些在美國接受教育期間耳濡目染新自由主

7　這個短語成為新自由主義的一個重要口號。

義意識形態的經濟學家，回國後作為社會精英代表，在制定國
內經濟政策、引導各自國家走上新自由主義道路的過程中，扮
演了重要的角色。[8]

中國的新自由主義和改革

新自由主義聲稱反對國家干預，但與此矛盾的是，新自由
主義學說的傳播正是通過強有力的國家干預才得以實現的。在
全球資本主義體系全面轉向新自由主義之時，中國做出了一個
具有重大歷史意義的決定，開始「改革開放」，主動向全球資
本敞開大門；因此具有諷刺意味的是，「改革開放」開啟了中
國主動擁抱全球資本主義的進程，重新構造了中國社會主義革
命的目標。

1976 年「四人幫」的倒台，標誌着中國文化大革命的結
束。執政黨開始進行政治變革，拋棄了以階級鬥爭為核心的政
治路線，開始將政府和黨的工作重心轉移到經濟發展上來。大
家認為過去所犯的錯誤是「極左路線」導致的，這一路線已被

8　芝加哥大學是新自由主義意識形態的中心。早在上世紀五十年代，芝加哥
　　大學就從拉丁美洲錄取學生，將其培養成為新自由主義的經濟學家。這些
　　「芝加哥精英」在回到拉丁美洲之後，對整個洲的發展模式產生了巨大的影
　　響，成為了新自由主義的主要倡導者。

完全否定。面對西方的繁榮，中國的統治精英開始關注西方，尋找國家發展的秘訣。這一世界觀的轉變，導致中國在世界體系中的地位發生了突然而深刻的改變：之前中國站在反對帝國主義和資本主義的前沿，後來先是淪落到國際資本主義體系的邊緣，然後又居於中心地位。很多中國精英不遠萬里來到歐洲和美國，尋求解決中國「問題」的良方。在西方的大學裏，他們接觸到了時下流行的新自由主義思想，將之帶回到中國，用來進一步推動改革。

　　在 1978 年第十一屆全國人民代表大會第三次全體會議上，中國做出了關於改革的政策決定，就像清朝末年那樣，中國再次走上了向西方學習的道路。那時的社會精英將美國看成是世界上最發達的國家，因此美國的發展模式也是最成功的。美國模式中最突出的是市場、私有權和自由經濟。當年流行一時的壓倒性說法是，中國之所以遠遠落後於以美國為首的西方發達國家，甚至落後於剛剛進行工業化的東南亞國家，正是因為中國沒有市場經濟。中國在過去三十年中奉行的社會主義模式開始受到質疑，作為社會主義核心的計劃經濟和公有制受到了猛烈抨擊。精英們認為，勞動者和企業家的自由受到指令性經濟嚴格控制的制約，這導致了經濟和社會生活缺乏活力。計劃經濟利用戶口制度來維持城鄉之間的差別，造成了兩極對立

的城－鄉經濟模式（Cheng and Selden 1994）。[9] 公有制和集體經濟被看成是造成平均主義「吃大鍋飯」現象的罪魁禍首，致使激勵機制缺乏，造成了消極怠工和無所事事，滋生了腐敗。

　　對於自由主義經濟學家們來說，市場化是解決中國所有問題的關鍵。市場是一隻看不見的手，能夠通過價格機制自動調節經濟，同時合理安排資源，實現效率的最大化，將生產力提高到最高水平。任何對市場的干預都會干擾市場機制的正常運行，進而導致腐敗等問題。市場還實現了人的自由；市場經濟為市場裏的不同角色提供了選擇的自由；私有制、市場和自由貿易更適合人的本性（Chen 2008）。總而言之，市場被提升到了前所未有的高度，任何對市場的懷疑都被看成是思想「解放」不夠，或是想要倒退，甚至會被貼上「極左」的標籤。

　　新自由主義鼓吹的市場化在八十年代的中國引發了激烈的討論，最終鄧小平終止了這場討論，宣佈「不爭論」。鄧小平為改革設定了基調：儘管有必要避免右傾，但是最主要的任務還是防左。在改革的整個過程中，信奉新自由主義的經濟學家們，在「解放思想」的醒目標語下，積極地參與到政策制定中

9　戶口體系要求每個中國人在其出生地的戶籍部門登記，固定他或她的戶口類別（城市戶口或農村戶口）。每個人的福利是跟自己的戶口掛鈎的，只有經過政府批准才能改變戶口。

去，扮演了非常重要的角色。新自由主義思想流派起源於歐洲和美國，是人們用來強調改革正當性的意識形態武器，也自然成為中國改革過程中的主導意識形態。

在蘇聯解體、鐵幕落下之後，社會主義實踐遭受了巨大的挫折，蘇聯模式被批判為極權主義和獨裁統治，西方學者高調宣佈「歷史終結」（Fukuyama 2006）的到來。在這樣的背景下，中國的社會精英堅信新自由主義提供了真正的發展道路，是歷史發展的必然走向。鄧小平在1992年的「南巡」講話中，再一次強調了中國改革道路的正確性，進一步推動了改革開放；同年創造「社會主義市場經濟」的口號也被寫進了十四大報告，確立了改革開放的未來發展方向。

於是，在過去短短的三十年內，中國社會發生了深遠的轉變。在各種各樣優惠政策的支持下，大量外資開始湧入中國。中國成了國際投資者的天堂。從1979年到2008年，中國吸引了8,500億美元的外國直接投資。目前，中國每年的外國直接投資為800億到900億美元不等，相當於GDP的21%，這在所有發展中國家中排名第一（Gao 2009）。世界500強企業中有480多家已經在中國進行了投資。中國在國內企業所有權結構方面也發生了許多變化，政府熱心支持非公有制和私有經濟的發展，後者在GDP中所佔的比例以驚人的速度增長，達到了60%，而國有部門在GDP中所佔的比例則滑至第三，只在基礎行業保持領先地位（Gao 2009）。從國有企業、個體公司

和私營企業下崗和失業的大量工人，成了就業的主要來源，其中大部分是農民工，佔整個就業崗位的 37.7%，新增就業崗位的 90% 以上。[10]

現在，通過設定絕大多數商品和服務的價格，市場的基本作用明顯得到了加強。從九十年代末開始，一大批跟人民生活質量直接掛鈎的部門——住房、醫療、教育等——基本都實現了市場化。在結束了長達十幾年的馬拉松式談判後，中國付出了沉重的代價，做出了妥協讓步，終於加入了 WTO，進一步提升了國內的市場化水平和市場對外開放水平。中國終於完成了同全球資本主義體系的接軌。

在經歷了三十年的改革後，中國已經從世界人民革命的中心，變成了資本的世界工廠。中國社會的商品化程度已經達到驚人的程度；土地、自然資源、勞動和公共設施都已被嚴重商品化。從計劃經濟到市場經濟，發生明顯轉變的每一步，都是由國家這隻看得見的手干預的。中國邀請外國資本投資，建立經濟特區和技術開發區，提供高質量的基礎設施，供應大量技術嫻熟、受過教育的勞動力。在中國，階級政治和權力的生命政治學簡直是天作之合，它們昭示着新抵抗政治的到來，屆時新工人主體將成為社會變革的主角。

---

10 Xinhua News Agency, June 8, 2014. Accessed at: http://news.xinhuanet.com/politics/2014-06/08/c_1111035497.htm (in Chinese).

小結：走向城市出口導向型經濟模式的道路

中國現在已經完全融入了新自由主義的世界，作為世界工廠，這裏擁有世界上規模最大的工人階級。改革開放三十年來，中國的經濟社會結構發生了翻天覆地的變化，中國今天已經完全融入到全球資本主義體系中去了，成為了世界第二大經濟體。中國改革開放的進程是由國家引導的，支持新自由主義的經濟學家們在其中扮演了社會精英的角色，為改革提供理論指導和具體的政策方案。這些方案最終變成政策，從而成為國家意志。自上而下的國家權力決定了中國社會發展的走向，也從總體上對社會中的個體成員產生了直接的影響，特別是新工人階級。

在改革時期，社會精英放棄了中國之前實行的社會主義發展道路。他們的觀點是，公有制的社會主義體系只能造成集體赤貧，不能實現經濟發展和人民繁榮。遵循西方新自由主義的指導，中國選擇了不平衡的發展策略，優先讓一小部分人先行發展，優先發展某些地區。在現實中這種政策的表現就是，在產業結構中優先發展輕工業和服務業。從地域來看，優先發展東部沿海地區。從所有制形式來看，大力推動私營部門的發展；優先發展城市，特別是沿海城市，而不是農村。

在改革開放時期，在新自由主義經濟學家們的領導下，中國重新規劃了經濟發展的道路，採取了出口導向的經濟模式，

將中國變成世界工廠。這種發展模式需要大量的勞動力；出口導向型經濟對勞動力的高需求，與小農經濟對勞動力的低需求，形成了一種互補的推拉效應，將千百萬年輕的農民工送到城市打工，讓他們在這條路上一去不回。

在中國，這種以比較優勢為基礎的發展策略，形成了勞動力價格低廉的新打工者階級以及資產階級。資產階級依靠血汗工廠，以殘酷的手段進行原始資本積累，並且迅速攫取權力。與此同時，國家也從快速發展的經濟中獲得巨大財富。2008 年中國的財政收入達到 5 萬億元人民幣（7,655 億美元），相當於 GDP 總值的五分之一。但是採取出口導向型經濟模式的代價是，在很長一段時間內，工人的利益被忽視。政府和私營企業積累了大量財富，而工人們則在貧窮的泥潭中掙扎。經濟學家姚洋曾經做過計算，GDP 中工人收入的比例（包括工資和自由職業的收入）從 1990 年的 60% 下降到 2009 年的 48%（Yao 2009）。

中國的經濟學家們認為，實行出口導向型經濟是唯一能為如此巨大的勞動力提供就業機會的方法，也是唯一能將中國人口從鄉村轉移到城市的方法，但事實證明，目前的發展模式並沒有實現真正意義上的城鎮化。一方面，這種經濟模式掏空了農村的年輕勞動力；另一方面，農民工仍被關在城市的大門外。資本實現了前所未有的積累，城市比過去更加繁榮，在這樣的時代裏，城鄉二元分裂進一步加劇，農民比以往任何時候

更加遠離真正意義上的城市化。

　　總之，在過去的三十年間，中國創造了經濟奇跡，特別是在減少貧困人口方面，這一成就令世界矚目。但是這樣的發展卻付出了沉重的代價。集體經濟的解體和國家從農村的撤離，意味着農業不會得到發展，農村依然貧窮，大量農民被迫外出打工，為出口導向型產業提供足夠的勞動力。在出口導向型的發展模式下，廉價的勞動力成了中國最重要的競爭優勢。

　　面對現實中農業、農村和城鄉二元分裂中愈來愈嚴峻的問題，新自由主義經濟學家們不僅沒有重新考慮經濟發展模式，反而將問題歸咎於市場化進程還不夠全面。在他們看來，只有實行優勝劣汰的市場法則，才能帶來最具激勵性的機制，貧富差距的不斷加大是實行市場經濟的必然副產品。如此看來，「自由」市場並不像大多數新自由主義經濟學家們認為的那樣是真正存在的。在現實的「非自由」市場中，公正和效率是相互對立的，無法調和的。諷刺的是，新自由主義經濟學家們依然說，只有一小部分人先富起來，才能最終實現全民富裕。只有當經濟差異不斷增大時，激勵機制才能生效。除此之外，別無選擇。

　　面對這一現象，我們不禁要問：「誰在付出代價？發展是為了誰？」這些歷史債務很快將由新勞動主體埋單。我想要對這些新勞動主體進行研究，他們是打工者，是飛速發展的中國新工人階級的重要組成部分；他們在經濟的關鍵部門工作，他

們是最具鬥爭性的工人。更重要的是，工廠工人和建築工人是
農民工中規模最龐大、最重要且最具鬥爭性的組成部分，他們
是本書的核心。

第二章

當資本遇見國家：
再度出現的勞動市場和
變化中的勞動關係

今天，中國正處於全球資本主義的中心，是資本之都，是各種資本源源不斷流入的目的地，是投資和投機的夢想之地。但是中國崛起成為資本之都，並非像很多新自由主義經濟學家們認為的那樣，是全球化時代「自由」市場帶來的自然而然的結果。事實上，具有諷刺意味的是，中國的轉變是由國家主導的，由跨國資本共同謀劃實現的，後者正處於全球新自由資本主義擴張的新時期，正努力尋找離岸生產的改遷目的地。文化大革命的失敗給中國留下了一個改良主義的黨－國體制，這一體制推行「改革開放」政策，將全球化帶入了中國，粉碎了之前中國堅持的社會主義生產關係。與這種國家帶領的經濟全球化進程同時進行的，是國家從農民和工人階級社會再生產和社會保護領域中的撤離。

全球化和市場改革改變了中國的生產方式和生產關係。首先，農村集體經濟解體和「勞動力的解放」是中國迎接資本回歸的前提。自七十年代以來，奉行改革主義的領導人和商業精英，一直呼喚着農村集體經濟的解體，提倡實行更為彈性化、更為靈活的勞動形式，倡導以商品市場的規定為標準，重新塑造農村經濟和城市經濟。經過了三十年的革命，中國付出了巨大的努力，才完成了社會主義轉變，消除了資本主義的勞動關係，可如今勞動卻再次被看成是一種「商品」，可以在新生市場上自由交易，如今政府大力推廣的是每個人都有自由選擇成為僱傭勞動者的權利。這種對個體自由的呼喚，被認為是從僵

硬的社會主義信仰中「解放思想」，只有這樣中國才能敞開大門，面向全球經濟。

中國改革為馬克思意義上的再無產階級化鋪平了道路，因為新勞動主體現在不得不變成「自由」的主體，脫離集體經濟，逐漸失去生產資料，在重新建立的勞動市場中除了出賣自己的勞動力，一無所有。

農村改革：新勞動主體的起源

讓我們先回顧一下改革開放是如何為中國新工人階級的誕生鋪平道路的。在中國，改革首先從農村開始。七十年代末，改革主義精英們認為，中國農民整體上仍生活在自給自足的時代，經濟層次較低（Huang 2000〔1992〕）。他們認為導致這種現象的罪魁禍首是人民公社制度，這種制度更適合大規模生產和公有制：人民公社制度將農民和土地綁在了一起，剝奪了農民進行自主經濟管理的權利和自由，導致了生產熱情的缺乏。在精英們看來，集體經濟效率低下，有悖經濟法則和農業特點。他們認為在集體經濟中，農民們「吃大鍋飯」，不管是否工作，不管是否努力工作，都可吃飽肚子；在集體經濟中，激勵機制的缺乏大大限制了農村生產力的發展（Du 2007: 98）。正是出於這些原因，精英們主張進行改革，熱情地推廣「包產到戶」的政策，即家庭聯產承包責任制。

　　很多經濟學家們認為，家庭責任制是中國農民自創的。雖然這種創新是否具有自發性並不在我們討論的範圍內；但在改革時期，家庭責任制作為基本經濟制度在全國農村的成功推廣，的確是只有通過國家的不懈努力才能實現的，只有在這種意義上，我們才能說農村改革體現了改革精英們實現新自由主義的決心。

　　事實上，家庭責任制的推廣就是由單個家庭組成的小農經濟的復蘇，其中家庭是基本的經濟單元。家庭責任制是對社會主義集體經濟目標的背離，將中國重新帶回到了解放前。儘管存在着激烈的討論，家庭責任制還是最終獲得了中央高層領導的認可，比如鄧小平。他認為，各級領導需要在思想上更解放一點，在改革中膽子更大一點，在工作中更「腳踏實地」一點（Vogel 2011）。1984 年 1 月，中央政府將土地合同期限延長至十五年，並開放了不同的集資和銷售渠道，培養市場體制，允許個人成立公司。這些舉措以促進農村貿易增長為目標，讓農村貿易變得更加開放，促進了生產資料和農業生產的商品化，全面推動了市場化。

　　如此一來，家庭責任制在國家的推廣下快速生效。截止到八十年代初，在全國大部分地區，家庭責任制基本確立了。之後，國家還頒佈了一系列的政策，以鞏固家庭聯產承包責任制，穩定農村的土地合同關係。在 1993 年召開的第八屆全國人民代表大會第一次會議上，中國通過了憲法修正案，將家庭

聯產承包責任制寫進了憲法。在 1997 年頒發的第 11 號文件中，政府將土地承包期限延長至三十年。至此，人民公社最終解體（Vogel 2011）。

在改革初期，通過推行家庭責任制，中國確實見證了農村生產力的快速發展和穀物生產的大幅提高。1984 年，全國穀物產量超過 8,000 億斤（4 億噸），創下了歷史新高，比 1978 年的產量還多了 2,000 億斤。同年，中國政府向世界宣佈解決了溫飽問題。[1] 與此同時，中國在其他農業、林業、畜牧業、副業和漁業生產領域也取得了顯著的增長，結束了農產品短缺的時代，在短時間內提高了農民收入。支持家庭責任制改革的政策制定者們，將整個農業產值的增長歸功於新合同制的施行。主流經濟學家們認為，正是這一改革讓中國農村擺脫了貧窮，讓全球 7% 的耕地養活了全球 22% 的人口。

之後，新自由主義經濟學家們借用了西方制度經濟學的一些概念，特別是產權理論，來為家庭責任制提供進一步的理論支持。著名的新自由主義經濟學家西奧多·舒爾茨（Theodore W. Schultz）在完成了一項關於中國農村改革效果的研究後，給出了這樣的評價：家庭責任制在農村社會進步中起到了主要的推動作用。總之，這些經濟學家們將改革前農業上的所有問

---

1 見〈糧食生產六十年變遷〉，《瞭望週刊》，2009 年 8 月 13 日，finance.sina.com/roll/20090813/16346613502.shtml。

題都歸咎於集體化，將改革以來取得的所有成就都歸功於去集
體化和市場化。至於改革後農村新出現的問題，主流經濟學家
們則認為是市場化不足的表現，他們主張對土地進行徹底的私
有化（Zhou 2008; Dang and Wu 2014）。

在短短的幾年間，國家強制實施承包制所帶來的好處開始
逐漸消失。1984 年大豐收後，糧食銷售開始出現問題，在很
長的一段時間內，糧食價格都停滯不前。農村收入增長率因
此大幅下跌，1989 年至 1991 年，農村的平均收入增長率只有
1.7%，1990 年平均增長率甚至下降了 0.7%。與此同時，城鄉
收入水平之間的差距卻愈來愈大。中國 1978 年的城鄉收入比
是 2.5：1，1984 年下降到 1.7：1，2007 年則反彈至 3.3：1。[2]

更為重要的是，推行家庭責任制實際上就是重建小農經濟
的生產模式。儘管通過激發小生產者的熱情，可以解決集體經
濟中積累的一些問題，例如管理不善和激勵缺失等，並在短時
間內實現農村生產力的快速增長，但是隨着以資本為導向的市
場經濟模式的形成，小農經濟的致命弱點很快便暴露了出來。
因為生產規模小，小農經濟在市場中很快便顯示出了生產力低
下和競爭力缺乏等弱點。而且，進行農業生產的單個家庭顯然
無力承受外部市場帶來的風險。家庭責任制讓農民能夠自主進

2　見郭書田：〈農村改革三十年，着力改變城鄉二元結構 —— 紀念中國農村
　　體制改革 30 周年〉，《農民日報》，2008 年 11 月 21 日。

行農業生產。理論上，農民應該能夠考慮到市場需求，進而決定種植的種類和規模，以獲得最佳收益。但是在市場的巨大波動面前，小農戶往往會付出慘痛的代價。當生產供應大於市場需求時，農產品的價格便會下降，農民的收入便會受到影響，最終農民也只能在事後做出調整，這意味着農民的調整永遠趕不上市場的變化。如此看來，正是家庭責任制改革造成了後來中國農村長期得不到發展的困境。

更為嚴重的是，改革開放之後中國便不再組織農村集體活動了。單個家庭進行農業生產的小農生產方式意味着低水平的農業工業化。農民只能為市場提供初級的、幾乎不含任何附加值的農產品。中國的農產品一般很少進行加工，所以附加值含量相對較低，農民的收入因此極為有限。要想進行農業工業化，需要諸如資金、土地和技術等生產資料；單個家庭很難聚集足夠的資本進行農業工業化。事實上，農業工業化在不依賴集體經濟的情況下是很難實現的。

中國加入世界貿易組織之後，國內農業市場變得更加開放了。2005 年之前，中國農產品的平均進口關稅只有 15.35%，比美國、日本、歐盟成員國等發達國家的進口關稅要低很多，甚至低於全球 62% 的平均值。中國的農產品關稅是全球最低的。海外進口的農產品具有質量好、價格低等競爭優勢。一旦中國敞開了大門，就會出現兩種局面：一方面大量農產品將滯銷，即使賣出去價格也十分低廉；另一方面在很多農產品的生

產方面，中國從此就得依賴進口了。今天，中國是美國黃豆和棉花最大的進口國。從 1997 年到 2008 年，中國進口的黃豆增長了 3,456 萬噸，年增長率達到了 26%，佔該類產品全球貿易量的 51.8%。2007 年，中國消費的黃豆中有 80% 源自進口。[3]

　　事實上，在中國內地的很多農村，農民們辛辛苦苦種出的糧食，賣出的價錢卻難以支付成本。如今在農村，務農的所得往往比家庭必要消費水平要低很多。以前，土地可以為農民提供居所和生計，如今，土地再也不是生產資料了，從「生產田」變成了「福利田」。[4] 這種現象在賣糧所得下降時會變得更為極端，如此一來土地甚至逐漸失去了作為福利來源的功能。如今，農村的很多土地都被廢棄了。這就是中國農民逐漸失去生產資料的過程。

　　總之，以家庭為單位的小農經濟從本質上只是一種自給自足的經濟模式，只能解決基本溫飽，不能帶來繁榮。但是在今天的中國農村，發展早就不是為了解決溫飽這麼簡單的了。隨着改革的進一步深入，農村被捲入了更深層的市場化大潮中，農民生計也變得極其依賴市場和收入了。從九十年代開始，所

3　中國經濟網：intl.ce.cn/zgysj/200907/28/t20090728_19648885.shtml。另見嚴海蓉、陳義媛：〈從大豆危機看食物主權〉，《南風窗》（19），36-40. http://www.nfcmag.com/article/4256.html。

4　「生產田」這一術語是從生產功能角度論述的，田地是農民的主要生產資料。而「福利田」則是從勞動再生產角度論述的，田地是生活資料的基本來源。

有商品的供應，從主要的耐用消費品到諸如鹽、糧、油和煤之類的日常消費品，都已經完全市場化了。農民比以往更加依賴貨幣，沒有錢甚至連最基本的溫飽都無法保證。

失去了作為根基的集體經濟，農村集體便不再提供福利和社會保障。[5] 現在，送孩子上學要錢，送老人去看病也要錢，單個家庭身上的財政負擔迅速增加。那些在社會主義時期好不容易挨過吃不飽穿不暖日子的人，現在卻發現自己時常因為缺錢而捉襟見肘。以下是來自河北的農民工老李對家庭困境的描述：

> 城市離不了我們，我們被城市給困住了。家裏沒錢，小孩子需要錢上學，不離開老家來城市打工能怎麼辦？村裏的每個人，從剛剛離開學校的孩子，到五十歲的老人都在外打工，全家人，就像回到了解放前一樣，得為其他人幹活才能生存。我們的工作是為別人服務，但卻沒人為我們服務。

在我們認識老李的地方，河北堯村，大部分年輕人都外出

---

5 在集體經濟時代，中國農村建立了一套社會福利保障體系，這一體系無論從規模上還是質量上都不及城市的福利保障體系。農村社會福利保障體系主要是針對「五保戶」（例如享受福利的寡婦和殘疾人等）和補貼糧。農村集體還肩負着義務教育的成本，在某些經濟發達的地區，農村還提供別的福利。政府和農村集體才是這種社會福利保障體系的基礎。

打工了。堯村共有村民 6,000 人，其中 1,500 人長期在城市的建築工地幹活，因為大多數時候待在村子裏根本沒辦法養家糊口。老李有四個孩子，兩個在讀大學，兩個在讀高中。四個孩子都在上學，這讓老李肩上的經濟負擔變得更加沉重了。一個孩子在大學裏一年的學費和生活費加起來要超過一萬元，如果只依靠土地收入的話，這個數字是一般農村家庭承受不起的。老李唯一的出路就是跟着同村人一起來到工地，成為農民工。

　　新自由主義常常抨擊計劃經濟對農民的制約，對農民自由的剝奪，但是新自由主義給予農民的最終是將他們交給市場。單個農村家庭是絕對沒有能力跟強大的市場對抗的。在市場經濟時代，那些從集體經濟中「解放」出來的農民，在被迫成為打工者、成為一種價格存在之前，是沒有時間享受這短命的自由的。他們「自由地」來到了城市，成為了「自由的」僱傭工人。在市場經濟的大門前，農民工開始感到了異化，帶着這種感覺，他們走進了生產領域的大門。[6]

_____

6　其實農村改革的政策制定者們並非沒有意識到通過家庭責任制恢復小農經濟的弊端，但在主流經濟學家們看來，數量眾多的人口是中國實現工業化和城鎮化的一項重要資源。農村人口的年齡結構還比較年輕，大部分勞動力正值壯年，年輕勞動力對家庭的依賴程度較低。這就是經濟學家們津津樂道的「人口紅利」（Cai 2009）。經濟學家們認為，既然中國擁有數量巨大而廉價的勞動力，就必須放棄之前以重工業為核心的工業化道路，轉而發展勞動密集型產業。只有通過這種方式才能吸收巨大的勞動力，發揮中國在全球勞動分工中的比較優勢（Lin 2002; Wu 2006）。

　　簡而言之，在農村生產和社會再生產領域，小農經濟無法為農民生存生計找到出路。一方面，小農經濟模式只能實現低水平的生產力，另一方面，市場改革帶來了消費需求的迅速增長。在這種情況下，小農經濟難以為繼，農民被迫離鄉又離土，來到城市，進入工業區，尋找另一種謀生方式。這便是八九十年代「打工潮」出現的歷史根源，也是新工人主體形成的背景，後者是中國崛起成為世界工廠的基礎。

勞動市場的誕生

　　勞動市場首先在農村再度出現，由鄉鎮企業吸收人民公社解體後的農村剩餘勞動力。隨着勞動力不斷轉化為可在市場出售的商品，政府取消了地域流動和工作更換的行政門檻，但戶籍制度剝奪了農民工享受諸如養老金和醫療之類權利的機會，並繼續控制農民工的流動性。從八十年代開始，在沿海非國有企業工作農民工的數量迅速增長，但是他們的福利待遇卻依然很低。正是這一趨勢，在之後的三十年中創造了新工人階級。

　　與此同時，從九十年代中期開始，鄉鎮企業在失去了政府的支持後，無法與外資企業和合資企業競爭，中小國有企業的勞動力迅速流失，隨之而來的就是企業重組和私有化所帶來的裁員。有些不幸的城市下崗工人在新經濟中找到了工作，但更多人則被迫提前退休或受僱於非正規經濟。二十一世紀初，很

多國企員工就這樣沒有了工作，就算足夠幸運能夠再次就業，也不過是成為了不穩定市場中的一名臨時工而已。隨着大多數工人成為彈性工人或不穩定工人，社會主義階級力量遭到了極大破壞，他們的生活日益依賴市場的邏輯。那些曾經因為對共產黨忠誠而享受終身福利的國家工人，因為毛主義的式微，而失去了主人翁的地位。就這樣，在農業改革、工業私有化和大力發展出口加工等國家主導的政策下，中國新工人階級得到了徹底的重構。

吊詭的是，當我們審視國家對經濟全球化所進行的干預，卻也看到了國家退出的過程，即國家徹底從社會再生產領域和社會保護領域的撤出。本章探尋了在全球化的過程中，國家干預和國家退出之間的悖論，以及這種悖論如何在中國塑造出一個新的工人階級。有趣的是，當代中國的國家性質看起來是精神分裂的，在這裏，當改革政府與資本相遇時，政府不再代表農民階級和工人階級的利益，而是開始為資本的利益服務，其中包括跨國資本。在政府的保護下，新自由資本主義戰勝了社會主義中國，這個國家的性質和社會代表性，在文化大革命之後發生了改變。

我們可以用兩件事來說明中國國家性質的改變，及其在改造經濟過程中所扮演的角色，那就是，上世紀八十年代成立的經濟特區以及 2001 年加入世界貿易組織。經濟特區的建立，標誌着中國城市經濟開始向出口工業敞開了大門，標誌着與作

為中國革命基礎的社會主義經濟模式的分道揚鑣。中國加入世界貿易組織，標誌着中國經濟已完全融入了全球資本主義，甚至成為其核心成員。經濟特區的建立和加入世界貿易組織是有着堅定意志的統治權力主導的結果，儘管在黨內和社會上普遍存在着不同意見。

中國首先在沿海地區建立了四個經濟特區，這標誌着中國同社會主義計劃經濟揮手告別，並重新融入靈活多變的全球市場經濟。1980 年，中國在深圳建立了第一個經濟特區，使之成為了吸引外國投資的窗口，用以接受首先從香港，然後從台灣、韓國和日本等地湧入內陸的投資。1992 年，鄧小平「南巡」來到深圳特區和廣東省，此舉激發了新的外國投資浪潮。工業區、綜合廠區、職工宿舍和其他設施建築拔地而起，並有飛機場、高速公路、發電站、海關等政府基礎設施保駕護航。政府的優惠政策和投資特權林林總總，為跨境資本提供了服務，其形式包括免稅、免費或廉價的工業用地、保障勞動力供應等。以上這些，都是在一個自稱是社會主義的國家裏進行的，其目的就是為了在全球經濟中贏得一席之地。

改革時期的中國為了加入 WTO（世界貿易組織），付出了巨大的努力，同時也極大地推動了二十一世紀的經濟全球化。經過十多年的談判，中國終於在 2001 年 12 月 11 日「贏得」了世界貿易組織的成員國身份。這對中國的出口和投資有着非常深遠的影響。以服裝紡織業為例，正是政府的積極運

作，影響並重塑了整個行業的轉型。2005 年 1 月 1 日，WTO
在所有成員國之間廢止了限制中國服裝出口的《國際紡織品貿
易協議》（MFA）。在淘汰了《國際紡織品貿易協議》後，中國
同泰國、巴基斯坦和智利等國進一步簽署了雙邊《自由貿易協
定》（FTA），同香港特別行政區簽訂了《內地與香港關於建立
更緊密經貿關係安排》（CEPA）。同其他國家（包括印度、新
西蘭和新加坡）進行談判，準備簽訂更多的《自由貿易協定》。
在這些國家和地區中，中國與東盟（東南亞國家聯盟）成員國
之間取得的進展最為顯著。中國政府的積極參與也對國際貿
易體制產生了歷史性的影響，在 2004 年，中國成為了世界第
一大服裝出口國，佔有全球服裝出口總量的 26.6%；如果把香
港也算在內的話，這一比例將高達 38%。同年，中國有超過
1,900 萬的工人在紡織和服裝業工作，佔全國製造業總生產力
的 18.9%。

　　為了滿足資本的需求，中國在很多地方都成立了經濟特區
和技術開發區，跟大多數其他發展中國家類似，特區和開發區
的成立是建立在資本對年輕工人，特別是未婚女工進行控制的
基礎之上的，未婚女工通常是最廉價、最溫順的勞動力（Lee
1998; Pun 1999, 2005）。為了滿足資本的需求，各級政府稍微
放鬆了戶口管理，積極協調「剩餘勞動力」向新興城市轉移。
截止九十年代中期，一項農村調查估計，打工者總人數在 500
萬到 700 萬之間（Gaetano and Jacka 2004）。2014 年，打工者

突破了 2.7 億，大江南北和各行各業都有着他們的身影。[7]

在過去的三十年中，中國在促進大規模勞動力從農村向城市的轉移中，在創建一個新的勞動力市場來滿足出口導向型工業化需求的過程中，積極地扮演了自己的角色。因為新自由主義式的發展策略造成了深刻的城鄉差別，農村政權服從中央政府的指導，積極探索省際勞動合作與協調，為城市經濟的發展保證勞動力的快速流動。從九十年代開始，湖南、湖北、江西、四川和安徽等省，曾系統地將本省的農村勞動力派往廣東。作為交換，這些內陸省份將受益於農民工的匯款。這種流動政策還確保了內地打工者能夠源源不斷地向沿海生產基地補給。政府頒佈了強有力的政策，以滿足新型產業的勞動力需求，保證製造業地區的勞動力供應（Pun, Chan and Chan 2010）。在深圳，很多地方政府甚至成立了勞動管理辦公室，為外資企業供應年輕的打工者。深圳多個工業區的很多工廠都同內陸省份的鄉鎮保持着緊密聯繫，這些鄉鎮必須按照規定數量向外資工廠提供勞動力。

由此看來，勞動力市場是由中國政府着意創造出來的，政府為了資本，利用自己的行政權力，將「社會主義農民」變成了「資本主義商品」。政府的勞動部門在市場中扮演了中介機

7　見中華人民共和國國家統計局網站：http://www.stats.gov.cn:82/tjsj/zxfb/201405/t20140512_551585.html。

構的角色：它們首先選出年輕人，特別是年輕女性，然後將他們直接輸送到工業區的工廠內。這些中介機構的安排甚至可以用細緻入微來形容，包括租用長途大巴載着農村女性前往工作地，然後從公司那裏得到按人頭計算的管理費。

新工人主體和工人工資

改革開始後，中國以政治手段建立了一個新的勞動市場，從而保證可以將新勞動主體作為勞動商品進行交換。這些農民工通常被稱為打工妹或打工仔，他們是新的性別化的勞動主體，在私有資本和跨國資本流入中國之際產生。作為一個新詞，打工妹／打工仔擁有多層含義，指的是一種與毛澤東時代有着根本不同的新型的勞動關係。打工的意思是「為老闆幹活」或者「出賣勞動力」，意味着勞動的商品化和用勞動換工資的資本主義交換關係。「打工」這個新概念與中國社會主義歷史是矛盾的。勞動，特別是異化的僱傭勞動，曾被認為在中國革命中得到了解放，但是在政府的支持下，勞動再次被賣給了資本家。與「工人」或國家工人這個在毛澤東時代擁有崇高地位的相比，「打工」在新出現的市場要素所塑造下，意味着在勞動關係與等級制中處於低下的地位，而打工者的意思是僱傭的幫手，即是僱傭工人（Pun 2005）。

從勞動主體的角度來看，有着遷出農村的巨大欲望；農村

的年輕人，他們受教育的機會和在農村工作的機會都很有限。事實上，對於在改革時期成長的年輕一代來說，最難以忍受的正是這兩點。十六七歲的農村年輕人別無選擇，只能出來工作。一些農村婦女也希望借此逃離包辦婚姻、家庭矛盾和父權制度的束縛。還有人想要開拓視野，感受現代生活，在大城市裏享受中產階級的消費。事實上，外出打工者的個人追求，與國家將勞動力從農村輸送到沿海工業區的目標不謀而合。

　　具有諷刺意味的是，中國政府在為全球資本積累建立新的勞動市場的同時，卻從社會再生產和社會保護領域中退出了，這一現象在農村尤為突出。戶籍制度常被人詬病為不合理的障礙，這個障礙對在城市工作、生活的農民工產生了嚴重的歧視。事實上，戶籍制度是由資本和地方政府操控的，其目的是在這個競爭愈加激烈的世界，建立起剝奪勞動的剝削機制。在全球化時代，中國政府是這樣實現退出的：中國的全球化經濟發展需要農村勞動者，但一旦市場對勞動力的需求在地點或產業上發生改變，城市便不再需要這些勞動者留在此地了。政府不允許新形成的勞動階級在城市永久居留，不允許他們擁有合法的市民身份。更糟糕的是，戶籍制度和勞動機制的結合，形成了農民工模棱兩可的身份，既加深又模糊了資本對這一巨大勞動力的剝削。因此，農村勞動力暗中受到了多方面的邊緣化，這形成了一種即使不算畸形但卻矛盾的公民身份。

　　打工者在城市裏顯得極其格格不入，他們的特點是短期居

留。一個工人，特別是一個女工，在結婚前幾年，往往是在城市裏作為僱傭勞動者打工。到了該結婚的時候，大多數女性都不得不返回家鄉，因為想要在城市成家困難重重。農村社區長久以來都在負擔——這也是人們的期望——生命周期的長期規劃，如結婚、生孩子和家庭等。勞動者下一代的再生產是由農村來負責的，是一個個的村莊承受了城市地區工業發展的代價，儘管農村承受再生產成本的能力是令人懷疑的。更糟糕的是，如果罹患工傷或職業病，患者的身心康復都得由農村中的家庭來負責。

因此，中國工人尚未完成的無產階級化就這樣夭折了，這一歷程是由國家發起的，也是由國家終結的。新工人階級受到了創傷性傷害，對他們來說，最緊迫的問題之一是工資壓迫。官方所定義的農民工，即擁有農村戶籍的僱傭勞動者，他們的社會地位和階級身份依然模糊。因此，工人在工作中獲得的報酬，並非是為了支付他們在城市的開銷，一般認為這些工人的社會再生產成本是被農村承擔的。這意味着農民工的家庭、婚姻、生育、下一代教育乃至退休，都得由農村負責。因此，農村勞動力尚未完成的無產階級化，形成了一種特殊的生產體制，將工業地區的生產和農村地區的社會再生產分離了開來（Pun and Lu 2010）。整個打工階層獲得的工資，比他們打工所在地的平均社會再生產成本要低很多。總之，他們賺取的工資，不是讓他們用來在工業城市生活的，而是為返鄉做好準

備的。

　　這種結構性因素直接影響了中國最低收入標準的設定。跟其他工業國家相比，最低工資的概念在中國更為關鍵，因為它幾乎影響着每一個打工者。跟西方國家不同，最低工資是用來保護十分之一勞動力的收入不至於落於貧困線以下的。在中國，最低工資幾乎成了所有打上者的工資標準。例如，2010年5月，儘管工人跳樓自殺的消息不斷傳來，富士康卻從未將新入職工人的基本工資提高到法定最低工資水平之上。2010年6月，在社會壓力下，富士康深圳廠區將工人的基本工資從每月900元上調至1,200元。中央電視台曾經對其進行過報道，説富士康工人的工資比人們料想的要多。[8] 在外資企業裏，像富士康這樣將工資水平提高到法定最低線以上的公司實屬罕見，更為少見的是，富士康從2010年6月1日開始實行新的工資政策，比當地每月1,100元人民幣（173美元）的最低工資還高出了9個百分點。

　　根據簡政放權政策和1993年頒佈的《企業最低工資規定》，地方政府可自主調節當地的法定最低工資。每個省、市和自治區的最低工資水平是根據當地的貧困條件制定的。深圳、大上海區和沿海城市的最低生活水平要高於北方、中部和

8　見中央電視台《新聞1+1》2010年6月7日的報道「以『薪』換『心』」：http://news.cntv.cn/china/20100607/104089.shtml。

西部地區。2012 年 6 月，深圳每月 1,500 元和上海每月 1,450
元的最低工資標準領先全國，而成都和重慶的最低工資才剛剛
超過 1,000 元人民幣（每月 165 美元）。我們在對十二個城市
的富士康工廠進行調查時發現，內陸城市的工資成本只相當於
大型沿海城市的四分之一和三分之一（見表 2.1）。2012 年，
成都富士康和重慶富士康的最低工資是最低的，這兩個廠區都
是在 2010 年富士康自殺潮之後建立的，富士康打算把工人從
深圳和上海等最低工資水平較高的地區轉移出來，而成都、重
慶這些城市正是之前勞動力比較密集的地方。

表 2.1 十二座受調查城市 2010 年、2012 年和 2014 年的最低工資要求

	2010 年 12 月（元）	2012 年 6 月（元）	2014 年 7 月（元）
廣東省深圳市	1,100	1,500	1,808
上海	1,120	1,450	1,820
江蘇省昆山市	960	1,320	1,530
江蘇省南京市	960	1,320	1,480
浙江省杭州市	960	1,310	1,470
天津	920	1,310	1,680
山西省太原市	850	1,125	1,450
河北省廊坊市	900	1,100	1,480
湖北省武漢市	900	1,100	1,300
河南省鄭州市	800	1,080	1,240
四川省成都市	850	1,050	1,400
重慶	680	1,050	1,250

來源：中國人力資源和社會保障部

　　根據 2011 年中華全國總工會的調查，年輕打工者（80 後）的每月平均工資僅為 1,747.87 元（275 美元），城市居民的月平均收入是 3,046.61 元（479 美元），相比起來前者僅為後者的 57.4%。[9] 造成農村打工者和城市工人之間收入差距的一個關鍵因素是：在大多數城市，打工者不能享受當地的社會福利，就算有，工人們也會發現，在更換工作時很難繼續享有社會福利。[10] 根據法律規定，僱主應為工人提供五種社會保險和一種住宅建設基金，即退休金、醫療保險、失業保險、工傷保險和生育保險及住房公積金。[11] 但是，能夠享有這種福利體系的工人少之又少，跟同崗的城市工人相比，他們仍處於劣勢。這是造成打工者難以在城市安家立業的另一個原因。

9　見中華全國總工會 2011 年發佈的「新生代農民工 2010 年企業生存狀況報告」：http://www.acftu.net/template/10004/file.jsp?cid=853&aid=83875。

10　關於中國人享受養老保險的權利，和中國人缺乏法定的由單位提供的社會保障，見馬克・弗雷澤（Mark W. Frazier）2011 年 "Social Policy and Public Opinion in an Age of Insecurity" 一文，該文收錄在 *From Iron Rice Bowl to Informalization* 一書中，第 61 至第 79 頁，該書由薩瓦什・庫瑞威拉（Sarush Kuruvilla）、李靜君（Ching Kwan Lee）和高敏（Mary E. Gallagher）共同主編，由康奈爾大學出版社（Cornell University Press）出版。

11　從 2010 年 12 月開始，不管企業的所有制形式是什麼，深圳在所有企業進行住房公積金改革，其目標是吸引全國的勞動者，加速城鄉一體化。根據城市住房公積金的有關規定，僱主和僱員，包括深圳常住人口和農民工，須按月繳納一定金額的住房公積金。

中國製造

在全世界，出口商品的「中國價格」都是很有競爭力的，這在根本上是建立在大規模新工人階級誕生的基礎上的，農民工的工資直到最近幾年才有所上漲，超過了地方最低工資標準。新工人階級可以提供規模驚人的剩餘價值，這些價值主要是被跨國企業及其供應商剝削的。例如，讓我們來看一看iPhone手機的價值分配圖吧，這些手機是中國工人日夜辛勞製造出來的（圖2.1）。

圖 2.1　2010 年 iPhone 手機價值分配圖

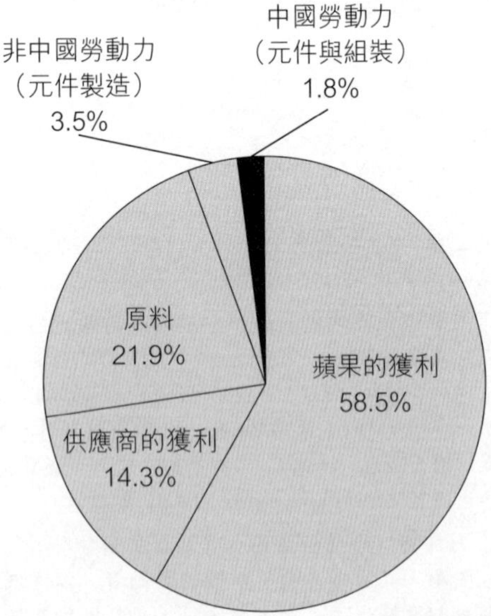

非中國勞動力
（元件製造）
3.5%

中國勞動力
（元件與組裝）
1.8%

原料
21.9%

蘋果的獲利
58.5%

供應商的獲利
14.3%

來源：彙編自 Kraemer、Linden 和 Dedrick（2011: 5）。

　　蘋果公司的優勢已經在圖中很好地表現了出來，那就是獲得 iPhone 手機價值的 58.5%，這一收益比例還是在產品製造完全外包的情況下計算得出的。值得注意的是，中國工人勞動成本所佔的比例最小，只佔 2010 年 iPhone 手機 549 美元零售價中的 1.8%，將近 10 美元。iPhone 手機的其他零配件供應商主要是日本工廠和韓國工廠，他們雖然負責精密配件的生產，也只是拿到 iPhone 手機價值的 14%。原材料的成本也不過只佔手機總價值的五分之一（21.9%）。

　　在產品上貼上「中國製造」的標籤往往會造成誤解，這一標籤掩蓋了跨國企業佔有利潤的事實，遮蔽了跨國企業通過全球供應生產鏈對勞動進行剝削的現象。跨國企業利用「中國製造」這一標籤來扭曲全球資本戰爭的現狀，即以民族國家之間的面孔出現而相互競爭。雖然大部分的利益為美國的跨國公司拿走，但是美國的政客竟然跳出來指責中國，傳播中國威脅論。在中國精英試圖讓中國以「大」國身份在國際政治上脫穎而出時，大眾媒體卻在誇大中國威脅論。事實上，根據 2011 年國際貨幣基金組織關於人均 GDP 的統計，中國的人均收入並不是世界上最低的，但是確實只佔發達國家人均收入的很小一部分。東亞主要的經濟體在人均收入方面確實存在着巨大差異：新加坡人均 GDP 世界排名第 13 位（49,271 美元），日本第 18 位（45,920 美元），韓國第 35 位（22,411 美元），台灣

第 39 位（20,101 美元）。[12] 但是，中國的人均 GDP 只有 5,414
美元（世界第 88 位，位於多米尼加共和國之後，牙買加之
前），印度尼西亞只有 3,509 美元（第 110 位），越南只有 1,374
美元（第 141 位）。[13] 人均收入較低帶來的必然結果是，新工人
階級中的大多數成員都在可怕的貧困泥沼中掙扎，這說明曾經
廣受歡迎的經濟發展模式是具有局限性的。「中國製造」的標
籤歪曲了全球生產鏈中財富分配的現狀，把中國放在了全球經
濟中一個驚人的位置上。

　　「中國製造」的標籤確實具有誤導性的，因為它掩蓋了社
會中存在的巨大階級鴻溝和不平等。儘管從 2000 年開始中國
國家統計局便不再公佈中國的堅尼系數，但其他數據顯示，農
民工在城市居住者中仍屬於低收入群體。從九十年代到二十一
世紀，法定最低工資往往是農民工的最高工資。[14] 從 2006 年到
2010 年，中國的食物價格和生活成本不斷上漲，除了 2009 年

---

12 見國際貨幣基金組織 2011 年發佈的「2007 年世界各國人均 GDP 排名」：
　　http://www.nationmaster.com/encyclopedia/List-of-countries-by-GDP-%28nominal%29-
　　per-capita#cite_note-0。

13 在國際貨幣基金組織的人均 GDP 排名中，排名較低的國家還包括老撾、緬
　　甸、東埔寨和東帝汶等。

14 中國政府在計算最低工資時使用了恩格爾系數這一概念，其理論基礎是當
　　一個家庭的收入增長時，這家人花在吃飯上的開銷就會降低。恩格爾系數
　　成為判定最貧窮家庭生存需求的參考點。2004 年的「最低工資規定」是
　　以每個收入擁有者對應 1.87 個家庭成員為基準進行計算的，恩格爾系數為
　　0.604，這意味著家庭收入中的 60.4% 都花在了吃飯上。

經濟衰退時政府暫停工資上調外，其他時候最低工資平均每年以 12.5% 的比例上漲。[15] 2009 年，中國打工者的月平均工資僅為 1,417 元（223 美元），這一數額已經包括了加班補貼。[16] 但當我們反觀高收入人群時，就會發現中國存在着巨大的收入差異，2010 年中國的百萬富翁人數超過了 960,000 人，這意味着每 1,400 人中就有一位個人財富超過一千萬元人民幣（150 萬美元）的富翁，這一數字跟 2009 年相比增長了 9.7%。根據 2014 年福布斯的統計，中國的十億富翁達到了 152 人。[17]

小結

在上個世紀，全球資本主義取得了勝利，成功地將社會主義政權整合進資本積累的進程中。隨着八十年代初資本開始進

---

15 見新華社 2012 年 2 月 8 日 "China Releases Plan to Create 45 Million Jobs"：http://english.gov.cn/2012-02/08/content_2061449.htm。

16 見中華人民共和國國家統計局（農村司）2010 年公佈的「2009 年農民工監測調查報告」：http://www.stats.gov.cn/tjfx/fxbg/t20100319_402628281.htm。

17 2010 年，中國擁有 1 億元人民幣（150 萬美元）以上資產的「超級富豪」已經達到了 6 萬人，比上年增長了 9%。見群邑智庫和 2011 年胡潤財富報告：http://www.hurun.net/usen/NewsShow.aspx?nid=123。「關於中國財富的權威調查顯示，中國的百萬富翁高達 96 萬人，比上年增長了 9.7%，其中北京的百萬富翁人數最多」，見《福布斯》2012 年 3 月 7 日：http://www.forbes.com/sites/russellflannery/2014/03/03/2014-forbes-billionaires-list-growing-chinas-10-richest/。

入中國的出口加工區，中國也在很大程度上轉變為市場經濟。
這種轉變主要是由國家主導的，處於離岸生產轉移中的跨國資
本則在一旁推波助瀾。鄧小平從 1978 年開始推行的改革開放
具有重要的歷史意義，這次改革是史無前例的，不僅改變了中
國社會主義的發展道路，也改變了全球資本主義的道路。中國
加入 WTO 進一步展示了在經濟全球化的進程中國家的作用。

今天，在全球市場的主導下，中國完全改變了自己的生產
方式和勞資關係。出口主導型生產的快速擴張，導致私企、外
企和合資企業可提供的工作數量迅速增長，如今這些公司已經
覆蓋了中國的大城小鎮。從七十年代末開始，去集體化在農村
產生了大量的剩餘勞動力。與此同時，中央政府通過適當放寬
戶口政策，在國內製造了規模史無前例的從鄉村到城市的大遷
移，形成了新的勞動市場。跨國集團（TNC）及其分包商僱用
了以億計的農民工，在出口導向型工業中將他們變成了僱傭勞
動者和可隨意處置的商品。

將農地承包給個體農戶家庭的社會主義的遺產是中國之所
以能在世界工廠飛速發展的原因之一，這樣僱主不再需要為農
民工支付生活工資，也不需要為他們社會再生產的成本埋單，
因為農村會對其進行補助。打工者所在城市的政府同樣在規避
自己負起提高農民工及其家庭生活水平的責任。這種國家退出
的進程在很大程度上塑造了中國特定的勞資關係，而這種關係
造成了愈來愈多的打工者的抗爭。

　　總之，正是全球化進程中悖論性的國家介入和國家退出，形成了新的勞動市場內缺乏保護的中國新工人階級。新工人階級在工業區和城市中興起，而當地各級政府在提供集體服務方面卻存在着缺失，拒絕為農民工提供包括住房、教育、醫療保障在內的基本權利。這便是中國農民工無產階級化的道路。

第三章

建設中國：
建築工人的抗爭

　　一個全球化的中國，只有通過建築工人日以繼夜的勞動才能在空間上加以實現。本章將探尋建築工人的親身經歷。他們經常被當成「看不見的主體」，經常被當下的勞工研究者所忽視，如果不是完全忽略的話。今天，上海和北京兩座城市壯麗的天際線，似乎已經體現了中國現代化和全球地位。這些城市的現代輪廓是由建築業塑造的，這一行業容納了超過六千萬的來自天南地北的農民工。從 2007 年到 2015 年，我都在跟研究和服務隊一起進行調查，隊員主要是來自北京的學者和學生。我們主要採用的研究方法是政策研究、行動研究和參與觀察。我們不僅在諸如北京、上海、深圳和廣州這樣的大城市裏進行實地研究，還在春節期間跟着建築工人返回他們河南、河北和浙江的老家。建築工人和學生志願者之間已經形成了一個支持性的網絡，有超過三千名建築工人參與其中。這三千人中有幾百人要麼有過工傷事故，要麼承受着職業風險，更多的則是有着參加集體行動的經歷。

　　建築業的飛速發展產生了極具剝削性的分包體系。這一體系通過兩個步驟完成剝削：首先利用農村準勞動市場上的非工業社會關係，對勞動進行快速商品化；然後在城市建設部門的生產過程中對勞動進行剝奪。在改革時期，這兩個步驟一同作用，產生改革時期中國特有的勞動分包體系，帶來了層出不窮的工資拖欠問題，以及建築工人為了討回被拖欠的工資而進行的各種各樣的鬥爭，甚至不惜訴諸暴力性的集體行動。

　　事實上，沒有哪個行業的發展速度可以同建築行業相比。[1]
中國建築業消耗着世界二分之一的混凝土，三分之一的鋼材，
從業者超過六千萬，其中大多數是來自於各地的農民工。大約
有 22.3% 的來自於農村的打工者受僱於建築業。[2] 為了將北京
和上海建設成為世界大都市，提高全國的城鎮化水平，中國從
第 1 個五年規劃（2001－2005）開始，每年都會向建築業投
入高達約 3,760 億元人民幣的資金。如今，建築業已成為中國
的第四大產業。本世紀初，建築業還只佔全國國內生產總值的
6.6%；而到了 2007 年底，建築業的總收入實現了 25.9% 的增
長，達到了 5.1 萬億元人民幣，總利潤增加了 42.2%，達到了
1,560 億元人民幣。[3] 2011 年，中國建築業和建材業的總產值達
到了 18,730 億美元，這一數字跟 2010 年相比，增長了 22.6%。

　　儘管建築業有着巨大的毛利潤和產值，但跟其他行業的工
人相比，建築工人卻很少得到保護，免受人身和經濟風險的影
響。[4] 建築工人的生活中還充斥着爭吵、打架鬥毆、建築物破

1　在中國，建築業被定義為從事建造和構築物建設的生產部門，見 Han and
　　Ofori（2001）。

2　見國家統計局《2014 年全國農民工檢測調查報告》：http://www.stats.gov.cn/
　　tjsj/zxfb/201504/t20150429_797821.html。

3　見《2008 年中國建築年鑑》（北京：國家統計出版社，2009）。

4　建築工人的工作強度、勞動時間和付款方式都存在着剝削，但建築工人的
　　報酬率跟製造業工人或服務業工人相比還不算太壞。

壞、身體傷害甚至自殺。在建築工地上我們目睹了很多工人採取各種各樣的暴力行動，這無疑是由建築業的政治經濟環境所導致的。

往昔與今日

沒有一個年代的建築工人的地位比今天低；幹了活，拿不到工錢，受了工傷，得不到賠償。一位二十歲的河北工人説：「現在城裏的年輕人都不願意去建築工地幹活了。別看現在我髒成這樣。下班後洗個澡，就完全不一樣了，就像換了一張臉。」此時此刻這位工人的身上正覆蓋着塵土和污垢，並且因為自己的建築工人身份而感到羞恥。工人們的這些感受，反映了建築業聲名狼藉的形象，造成這一現狀的原因包括：長期工資拖欠，重大傷亡事故屢屢發生，因薪水未付導致的勞動矛盾不斷出現。

在十九世紀的中國，人們從有着「建築工匠搖籃」美名的河北、江蘇和山東招募了大量建築工匠，請他們來建設城市中心。[5] 解放前，建築工人是工匠，被稱為師傅，享有比農民和小商販相對較高的社會地位。新手通過學徒制度，跟隨師傅學藝

5　見工業部課題組關於《新中國建築業五十年》的報告（北京：中國三峽出版社，2001），第 3 頁。

（Hershatter 1986）。建築工匠通過行會制度被組織到了一起，而行會負責提供行業保護，進行行業壟斷。歷史學家琳達‧謝弗（Lynda Shaffer）認為：

> 行會的根本目標是在危險重重的世界裏，為本行業設下一道堅固的防線……為了確保行會成員數量的增長速度不超過當地市場的發展速度，行會會嚴格限制學徒數量（1978：381）。

師傅和學徒之間原本主要是師生關係，所以當年僱主和僱員之間的矛盾並不如現代工廠或勞動分包體系中的那麼尖銳（Shaffer 1978：383）。因此，建國前建築工人是擁有自己的組織力量的，他們可以保護自己的勞動權利，與今天工人的情況大有分別。

十九世紀中葉，西方建築公司首次來到中國，並開始通過勞動分包體系僱用農民，使其進入建築工程領域，成為僱傭工人。1880 年之後，中國建築公司也開始效仿這一體系。勞動分包體系破壞了原有的行會制度。一些師傅成了企業家，不再做木匠活或石匠活。只有他們的僱員，即出師的學徒，還在進行體力勞動。[6] 這些學徒很快發現他們成了缺乏行會支持的無產階

6　見賀蕭（Gail Hershatter）在 *The Workers of Tianjin* 一書中對二十世紀初天津學徒體系的探討（第 101－104 頁）。

級，也就是包身工。這就是毛澤東 1922 年領導六千名泥木工人進行罷工、成立長沙土木工會的歷史背景。

在中華人民共和國成立初期，新政府依靠建築工人重新建造了滿目瘡痍的城市和飽受戰火摧殘的城市和鄉村。建築工人的緊缺甚至促使國務院從人民解放軍借調勞力，1952 年，八個軍事部門改造為國有建築公司。這一時期勞動分包體系繼續存在。

1958 年標誌着勞動分包體系的結束。中國通過國有企業和集體企業繼續進行建築施工。跟國企相比，城市和農村的集體企業給工人提供的保護更少，發放的福利也更少，但那時集體企業至少還提供一日三餐，並按時發放適量的工資，工作時間的安排也較為合理。在此期間，建築類工作仍被看成是需要技巧的，建築工人也受到尊重，在宣傳中他們常常被塑造成為社會主義國家重建做出了貢獻的「模範工人」。能從農村合作社轉到建築業，這是一種積極的轉變。一位六十歲來自河北唐縣的師傅這樣跟我們說：

> 在七八十年代，如果我們去建設隊幹活，還得每天給生產隊（即所在的村子）交一塊錢。那時幾乎沒有分包商，也少有欺騙。工人一完工就可以收到工錢。工程隊還給我們提供工作服、安全帽、工作靴和其他日用必需品。如今的分包商可不這樣。他們總騙人。在那個年

代，我們過得很好，也很少被騙。

1980 年，國有建築企業擁有僱員 482 萬人，在城市集體所有制建築公司工作的有 166 萬人，在農村集體工作的有 334 萬人。只有不到 1 萬人在私營建築公司裏工作。[7]

勞動分包體系的出現

建築業的社會主義勞動體制隨着鄧小平改革時代的到來戛然而止。1978 年，鄧小平指出，建築也可以成為一個以盈利為目的的行業。建築業此後進行了改革，其目標包括重構行業管理體系、開放建築市場、國企實行自負盈虧、建立競標體系，以及提高項目管理技能（Mayo and Liu 1995）。1980 年，世界銀行雲南魯布革水電項目採用了國際競標的方式，對中國建築業之前的社會主義實踐發起了挑戰。在建築業，競標和分包體系再次出現（Guang 2005）。

1984 年，國務院簽發的一份文件上説：「國有建築安裝企業，要逐漸減少固定工的比例。今後，除必需的技術骨幹外，原則上不再招收固定工。」[8] 1984 年頒佈的《關於改革建築業

7　見《新中國建築業五十年》，第 6 頁。

8　這就是《關於改革建築業和基本建設管理體制若干問題的暫行規定》，見《新中國建築業五十年》，第 7–8 頁。

和基本建設管理體制若干問題的暫行規定》中規定，建築項目
的總承包公司不得直接僱用藍領工人。[9] 總承包公司可僱用勞動
分包商，由其負責工人的招聘。這些規定加速改變了建築業的
管理模式和勞動力構成，也產生了一些延續至今的痼疾。受國
家政策的驅動，建築公司進一步市場化，且因為有了勞動分包
體系，總承包公司便不再直接管理項目的戶外施工。

　　九十年代末，建築業重構基本完成。[10] 儘管這一系列的巨變
是否有助於提高建築業的施工效率和生產力還有待論證，但它
們確實直接導致了多層勞動分包體系的出現。如今，數百萬由
分包商從各地農村僱用的農民工，已經成了這一勞動分包體系
的一部分。[11]

　　在建築業的實際操作中，資本和行業是分離的，勞動和管
理也是分離的。在建築生產鏈中，頂層承包商利用他們與地產
開發商和地方政府之間的關係，對建設項目進行控制，將工程

9　見建設部關於《新中國建築業五十年》的報告，第 8 頁。

10　1995 年 8 月，國家計劃委員會、電力工業部和交通部聯合頒佈了《關於試
　　辦外商投資特許權項目審批管理有關問題的通知》。1998 年 3 月 1 日《建
　　築法》正式生效，涉及建築業准入資質、工程採購和交付、施工監管、施
　　工安全、施工質量、法律責任、市場監管和建築項目流程等方面。

11　關於建築行業的農民工數量，見中華全國總工會 2004 年公佈的《關
　　於建築業農民工現狀調查的簡要情況》：http://finance.sina.com.cn/
　　g/20041111/17381148918.shtml。

分包給下一級分包商。頂級承包商通過將投資風險和勞動招聘責任轉嫁給分包商而從中獲利。三級分包商老馮説：「承包商賺的錢不乾淨。他們把全部的風險都推給了我們。在錢還未到賬、工資拖欠時，他們讓我們去面對工人。」老馮跟其他很多人一樣，對頂級承包商頗有微詞。

我們可以以北京外來人口聚集區的一個建築項目為例，來説明分包體系是怎樣運營的（見圖 3.1）。眾所周知，分包體系始於地產開發商，他們負責土地的開發和項目的設計。建築工程然後沿着鏈條自上而下逐步實施，國有建築公司通過競標承接項目，為其分包商提供項目管理和設備安排。然後，國有建築公司依靠來自於江蘇、河北和廣東的三「大承包商」（「大包」）為項目提供原材料和勞動力。其中兩大承包商組成勞動服務公司，協助招聘，但事實上，他們往往依靠專門的勞動供應分包商（「小包」或「輕包」）來僱用工人，進行日常的工作分配，在結項時支付工人薪酬。反過來，這些勞動供應分包商進一步依靠「帶工」，通常是自己的親戚或老鄉，在自己和附近的村子裏招募工人。因此，在這個建築項目中，一千名工人可被分成幾個小組進行施工，每個小組的人數從十幾到一百人不等。

多數承包商和分包商手中是沒有資本結餘的，他們中的大多數是無法獲得貸款支持的。大約一半的建築項目在預算通過時都缺乏足夠的資金保障，建築行業的三角債數量非常多，佔

圖 3.1　建築業分包體系

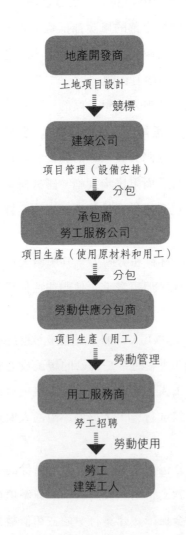

三角債總數的很大一部分。[12] 因為開發商處於金字塔的頂層，他們直到項目完成後才會向承包商支付錢款，所以分包商經常面臨着可用資金短缺的困境，甚至在項目初始時就已經捉襟見肘了。工人們不得不適應這種分包體系，習慣於這種在結項後、在承包商和分包商得到錢款後才能領到工資的做法。

　　我們在北京研究的建築項目中，分包商獲得的利潤其實非常有限，他們在結算前往往沒有足夠的資金渡過難關。以一項建設 108 棟、每棟面積在 300 至 500 平方米之間的別墅工程為例，經驗豐富的分包商老馮給我們詳細地進行了介紹：建設一棟預計售價為千萬元人民幣的別墅，一級承包商的投標價僅為 76 萬元人民幣（包括原材料成本、工人工資和管理成本），然後他們將工程分包給了二級承包商，後者再分包給各家勞動供應分包商。結果每棟別墅標準單位內的勞動成本只剩下 8 萬元，這意味着三級和四級勞動供應分包商只能得到這麼多錢，用以支付工人的工資，同時還得保證自己的收益。「蓋別墅我們幾乎是賠本的。[13] 即使欠了一屁股債，但是得接着幹，否則就會被淘汰。」老馮希望在別墅出售後能有機會承包房子的室

---

12 中國建設銀行是為大型建設項目提供貸款的主要銀行，但是只有很小一部分大型企業享有貸款。當債務涉及一連串借方的時候就成了「三角債」。見 Lu and Fox（2001），第 13－15 頁。

13 別墅的建造比高層建築的建造要複雜得多，所以分包商必須預留更多的用工天數來確保項目竣工。

內裝修工作。他解釋説：「有錢人花上千萬買了別墅，會再花一百萬來進行裝修的。我想試試運氣，得到裝修的工作。」

　　承接註定要虧損的項目，然後寄希望於通過門路承包新戶主的室內裝修工作，來補償最初的損失，這便是低層分包商的商業邏輯。大多數來自於河北、安徽、四川和山東的承包商和分包商，是基本上沒有同建築公司討價還價的能力的，因為建築公司主要來自於北京和廣州這樣的大城市，多是改制後的國有企業，它們同政府保持着良好的關係。承包商和勞動分包商經常面臨着工資嚴重拖欠的問題，甚至在工程早期應付款較少的時候也是如此。當跟在當地頗具影響力的開發商和建築公司打交道時，他們基本上總是處於劣勢。在中國幾乎所有的工業部門中，地方政府和資本（不管是私有資本還是國有資本）之間都保持緊密聯繫，它們通過分包體系來轉移風險，來剝削外地的農民工，因此工資拖欠成了一種長期現象。當然，過度投機、項目資金不足和國家對行業缺乏監管都是重要原因。但是，是勞動分包體系造成了資本與行業的分離，管理與勞動的分離，導致生產鏈中出現了權力不平衡的現象，即建築項目只對頂層承包商有利。

生產過程中的勞動剝削

九十年代，隨着城市和工業的快速發展，建築業進一步實現了擴張，市場對廉價勞動力的需求也變得十分巨大：通過分包體系來保證勞動力的供應，已經成了資本和政府的共同發明。政府改變了建築業的管理勞動關係，使得建築業不得不開始依賴分包體系，國有企業因此變成了以盈利為目的的公司。地方政府有時甚至違背中央政府制定的法律法規，在一級承包商和低級承包商的糾紛中偏袒前者。建築公司對此趨之若鶩，對其進行操縱，並從中獲利。

九十年代末，雖然勞動分包體系日漸成熟，但農村勞動力卻依然得不到國家或社會的保護。他們沒有醫療保險，沒有意外保險，沒有傷害賠償。九十年代末，分包商在僱用農民工作為臨時工的時候，甚至連一紙合同都不提供，這違反了 1995 年《勞動法》中的相關規定。到目前為止，在我們採訪的建築工人中，沒有一人能按月得到工資，沒有一人簽署了勞動合同。儘管新的《中華人民共和國勞動合同法》已於 2008 年 1 月正式生效，但是承包商和分包商依然明知故犯，而且大多數工人也沒有意識到簽訂合同是承包商必須要履行的法律義務。當我們向工人詢問時，得到的回答一般是：「什麼是勞動合同？不，我們沒簽合同。我從沒聽說過有什麼合同。」

從 2012 年 12 月到 2014 年 7 月，我們在北京採訪了很多

工人，其中大多數都得到口頭承諾，依據工作類型和所需技能的不同，他們每天可獲得 150 元到 200 元不等的工資。但是最終到手的報酬卻往往比這一承諾要低得多，有些人甚至還承受着拿不到任何報酬的風險。沒有合同，他們通過法律途徑成功討回工錢的希望就非常渺茫了。

在項目結項前或年底前，建築工人的工資並不是以週或月為周期發放的，而是以生活補貼的形式，由分包商不定時地支付。根據分包商的不同，補貼從每月一百元到幾百元不等（但只佔承諾月工資的 10% 到 20%），這幾乎僅夠支付農民工的三餐和其他日常開銷。在我們採訪的那麼多分包商中，宋先生是最為同情這些工人的：

> 工人跟着你幹活，卻沒錢花，工人感冒，卻沒錢買藥，你得給他們一百、二百吧。

很多分包商甚至不得不用自己的錢給工人發生活補助。但是有些工人得不到任何補助，是因為分包商也說自己沒錢。在生產過程中，勞動價值主要就是通過以生活補貼代替工資的方式被榨取的，分包商說承包商沒給錢，所以沒錢給農民工發工資，以此來為自己辯護。

我們經常在工地宿舍進行採訪。一位五十歲的湖北工人向我們展示了他記載日常活動的記事本，他說：

　　我們甚至不算工人。工人將勞動賣給老闆，換取工資……我們建築工人可不一樣。我已經給老闆幹了286天了，仍然沒拿到錢。我等發工錢，[14] 就像等運氣一樣。

　　因為跟製造業和服務業相比，建築業許諾的工資較高，因此儘管存在着工資拖欠等問題，很多農民工還是希望能在建築部門工作。[15] 此外，一旦男性到了五十歲，就幾乎沒有其他的工作機會了，他們只能去建築工地打工。

通過非行業性的社會關係將勞動商品化

　　農村地區快速變化中的社會關係，進一步將勞動分包體系衍生出的問題和矛盾複雜化，這種社會關係原本是通過親戚網和老鄉網來維持的。在河北農村研究時我們發現，當地很多家庭都得依靠建築業的收入。其實這並不是一個特別貧窮的村莊，村民的家庭年收入在 15,000 元到 20,000 元之間。我們拜訪了三十戶有一名或一名以上家庭成員在北京建築工地打工

---

14 在建築業，工人們用「工錢」來指代工資，但是在製造業和服務業，工人們卻更多地使用了「工資」這一說法，相比起來後者比前者更為正式。

15 這種情況跟煤礦工人的境遇類似，因為礦井經常發生爆炸，所以煤礦工人面臨着受傷甚至死亡的威脅，但他們之所以還來這裏打工，主要是因為這裏的工資相對較高。

的家庭，其中大多數都是父子齊上陣。這些家庭很樂意向我們展示他們在過去中收集的「欠條」，每張欠條彷彿都在講述着一個辛勤勞動卻得不到報酬的故事。其中一個故事發生在五年前，當時四十五歲的老海已經在建築業連續工作了十年，他向我們展示了一張舊紙，上面寫着「某某某只欠海 3000 元人民幣」。債主的簽名是這張紙上唯一能夠證明欠債確實存在的證據。

　　每當遇到欠債的情況，我們都會向農民工進一步詢問債務的情況，以及欠債的原因。其中一個典型的故事是這樣的：

> 　　一位工人說：「這張欠條只是廢紙一張。現在已經沒用了，不能用來要錢了。分包商說他們也沒錢。他們就是騙子。」我們接着問：「你的意思是分包商故意不發錢？或者沒錢來發錢？」工人回答說：「誰知道呢？我們不知道老闆是誰。我們連老闆的面都沒見過。」

這裏工人提到的老闆並不是包工頭，而是負責工程外包的二、三級承包商。儘管這些勞動分包商在法律上連老闆都不算，但只有他們負責工資的發放，因為是他們僱用工人的。[16]

　　在這個村子裏，大多數包工頭都是從自己或附近的村子裏

---

16 嚴格來說，根據《公司法》和《建築法》，勞動供應分包商並不是公司，因此也不具有僱用工人的法律地位。

僱人的。農曆新年一過，包工頭就開始利用自己的人脈來僱用工人了，人數的多少隨着項目的大小而變化。還沒到工地，包工頭就向技術工和非技術工承諾了每天的工錢數。工人們都知道，在建築業，只有項目完成後或者快到年底時他們才能拿到工錢，村民們已經對這種做法司空見慣了。大多數工人只要確定能在秋收前或者春節前拿到工錢，一般都會同意延遲付款的，儘管不是所有人都樂意這樣做。在村子裏，非正規性的社會關係服務於對勞動的剝奪，這進一步偽裝了僱傭勞動和資本之間的關係。結果，在建築業中，「真正」的老闆反而成了謎一樣的人物。

建築工人最終將收回工錢的希望寄託於親戚關係和老鄉網。在工人中，特別是在老一代工人中，流行着一種說法，那就是「跑得了和尚跑不了廟」，意思是包工頭在村子裏也有親戚，因此很難推卸責任。但是到了九十年代末，隨着工資拖欠和欠債成了家常便飯，這種觀點也愈來愈靠不住了。未被商品化的社會關係被勞動分包體系一點一點地瓦解了。當工資拖欠的問題愈演愈烈時，分包商和村民之間的矛盾也愈來愈頻繁，村子裏的社會關係也隨之惡化。

一些工人強調，他們每年都在尋找新的小包工頭，希望新的包工頭會比舊的好，但是當工作機會供大於求時，工人，特別是那些人到中年的工人，就沒有什麼選擇的餘地了。就算分包商有過工資拖欠的惡劣記錄，仍然有人希望他能在春節前發

放工錢。

　　我們探訪過河北的一個村子，當時那裏的工人非常擔心包工頭不發工錢一走了之。很多村民抱怨說，隨着愈來愈多的人成為了建築工人，村子裏的社會關係也每況愈下。僱主和僱員雙方皆有抱怨。例如，一個包工頭說，有的工人連聲招呼都不打就離開了施工隊：「建築業不是一般的行業。我們跟任何人都沒有長期的聯繫。人們可以隨時離開工地。」包工頭對工人的抱怨跟工人對包工頭的抱怨一樣多。雙方之間的信任迅速流失，整個村子的社會網絡都遭到了破壞。

小結

　　很少有人記錄或研究建築工人的生活，就好像他們無足輕重一樣。後現代觀念遊戲中的「非物質」勞動概念進一步將建築工人的聲音和存在邊緣化了。事實上，作為「物質性」勞動的先驅，中國建築工人在社會主義時期付出了艱辛的勞動，並因此受到了高度的讚揚。到了改革時期，這種象徵作用被逆轉，勞動變成了商品，被賦予了市場價值。對工人最為不利的是，中國建築工人的階級力量跟資本的力量是非常不平衡的，因此在特定的政治經濟環境下，資本勞動關係因此被完全遮蔽了：工人們壓根不知道開發商和總包商是誰，後者才是工資拖欠的最終負責人。這種誤認是由勞動分包體系造成的；市場是

隻看不見的手，這隻手跟勞動力保持一定的距離並進行運作，
造就了一支暫時性的勞動大軍要承受艱難的處境。

　　快速變化中的建築業出現了諸多異常現象，這些現象激起
了憤怒，導致建築工人最終走上了極端集體行動的道路。建築
業的政治經濟環境建立了一種特殊的勞動分包體系，這一體系
包含兩個過程：首先，勞動在農村被快速商品化；其次，勞動
在城市被建築生產所剝奪。在農村，非正規的社會關係被人操
縱着，用來滿足勞動剝奪的需求，這反過來破壞了社會中的信
任，加劇了工地上的勞動矛盾。

　　今天，建築工人在自己一磚一瓦建造起來的城市中，成為
了「隱形」的勞動主體。他們在城市的黃金地段還只是廢墟一
片、沒有任何經濟價值時，就已經來到了這裏。當傾注了他們
血汗的高樓大廈拔地而起後，土地價值增加了，建築工人們卻
消失了。工人們在他們自己創造的空間中消失了，工人們付出
勞動卻得不到報酬的現象也變得愈來愈普遍。總之，勞動分包
體系是建築業的核心問題，正是這一體系催生了暴力文化，以
毀滅和自我毀滅的雙重形式出現在我們面前。

第四章

中國新工人階級的
形成和解體

　　一個幽靈正在中國的大地上徘徊——它不是全球資本，而是既承受巨大壓迫，也蘊含強大反抗力量的新工人階級。今天，我們之中的很多人仍然拒絕承認新工人主體作為階級力量的存在，因為它只是映照出了一個幽靈般的影子。隨着富士康工人自殺的消息不斷傳來，工人抗爭的加劇，歷史對新工人階級的呼喚也變得愈加急迫了。[1] 新工人階級的幽靈現在又在尋找新鮮血液了。它的出現歸因於中國變成「世界工廠」的事實。在過去三十年中，中國一步一步地走到了全球資本主義的中心。沒有人會否認中國崛起的事實。中國的國際競爭者們都羨慕不已，因為中國擁有高超的能力，不僅能製造低端商品，還能製造高附加值的高科技產品。那麼問題來了：為什麼製造 iPhone 手機和 iPad 平板電腦之類高水平消費品的中國工人要自殺和反抗呢？當中國正在崛起的時候，中國工人正在失去中國嗎？[2]

1　見大學師生監察無良企業行動（SACOM）2010 年 6 月 8 日聲明《全球悼念富士康自殺工人，要求蘋果為死者負責》，見 www. Sacom.hk。

2　這是安德魯・羅斯（Andrew Ross）在其著作 *Low Pay High Profile: The Global Push for Fair Labor* 中的發問「中國人正在失去中國嗎？」，此書於 2004 年由 The New Press 出版社出版。

告別階級

與《中國女工》中的討論相比，中國工人階級形成和重構的政治已經發生了巨大的轉變。貫穿於第一代女工生活中的驚叫和夢想，已經讓位於第二代農民工親身經歷的抗議和死亡。在世紀交接之際，迅速成長的新工人階級就像初升的太陽將要從雲層中噴薄而出。新工人階級在自我形成的過程中一直在場。中國在成為「世界工廠」的同時，不可避免地催生了階級的發展，同時新出現的工人階級也構成了中國這一「世界工廠」。是時候來認識新工人階級了。

但是要認識新工人的階級形成，卻是一件十分不容易的事情。今天，我們要面對國內外對階級分析扼殺的阻力。雖然中國明顯存在着塑造中國工人階級的主導性結構因素，但階級結構和階級身份之間、階級意識和階級行動之間，依然存在着「脫鈎」現象。改革霸權、新自由主義政策和西方關於階級的話語，都是導致這種「脫鈎」的原因。在西方，與改革霸權同時出現的是「告別階級」的話語，後者否認後社會主義時期的中國仍然存在着階級問題。就像「歷史的終結」的理論曾經為我們帶來了新自由主義一樣，「告別階級」的理論直接導致了中國「階級」分析的死亡。從西方到東方，沒有一個地區像中國一樣，如此成功地實現階級矛盾的移置，並且使這種移置如此成功地融入了階級語言的「後現代遊戲」之中。

　　由於「階級分析」的死亡普遍為西方所接受，在西方，產業工人的數量沒有佔到關鍵性的多數，這好像就意味着一個沒有階級和勞動的社會！後結構主義和後現代主義進一步將焦點從生產關係領域轉移到了市民社會和消費領域，因此關於階級和勞動的研究出版也變得鳳毛麟角。歷史系、社會學系和政治學系曾將階級作為關注的焦點，而到了二十一世紀初，這些學科的課程中卻鮮有關於階級或勞動研究的。受西方霸權的影響，中國主流學者們開始高興地照貓畫虎，在西方宣告階級分析死亡之時，他們紛紛公開肯定中國進行新自由主義改革的正確性。

　　西方「死亡」的階級形象在中國再次得到呈現和想像，但是，不承認階級的死亡，卻意味着第三世界新工人階級的誕生。今天，中國站在全球資本積累、新的國際勞動分工的中心，在這裏我們不僅看到了離岸資本的湧入，還看到了階級矛盾被快速出口到發展中國家。在這裏我們不僅看到了跨國資本噴泉式地湧入，還看到了階級矛盾快速地進口和重生。呼籲階級幽靈的回歸，就是要採用第三世界的視角來觀察改革時期中國的社會變化。

　　在本章中，我將嘗試指出這樣一種吊詭的現象，即在中國逐步成為「世界工廠」和新工人階級的崛起的同時，西方和中國的政治霸權不惜壓抑階級政治，而正在這一刻，在全球生產

的過程中，新勞動主體誕生了。「追求全球性」意味着從事霸權籌劃，而這種籌劃由消解這個新階級力量的新自由主義政治意識形態所驅動。但是這種吊詭是蘊含在「階級和革命」複雜的歷史性當中的，「階級和革命」正是社會主義時期毛主義實踐階級鬥爭的做法。中國對毛澤東階級鬥爭理論的突然拋棄，為全球化改革時期階級話語扭曲式的吸納奠定了基礎。

「階級」被掏空

如果説打工者是用死亡，而非生命，來對中國工人在國際勞動分工背景下將受益於新全球經濟的這一説法進行了反擊，並且促使我們去理解新階級在當代中國的形成和鬥爭，那麼我們很快就面臨這樣的一種諷刺：「階級」語言被吊詭地掏空了。我們很難理解存在着這樣一種陌生而又殘酷的經驗：中國工人對階級的切身體驗是非常強烈的，然而，階級話語在公共生活中被徹底壓抑了。階級話語不僅被中國新自由主義的霸權籌劃所取代，還遭到了一般大眾的普遍憎惡，這些人中不僅包括城市新興中產階級，有時也包括工人階級本身。階級主體的自我貶斥進一步抑制了階級話語，而影響到對階級身份的認同和集體行為的表達。

我們認為階級的話語失語症，對中國人口和勞動力的政策

及制度性控制產生了巨大的影響，對農民工來說，這不僅限制了勞動的流動性，減少了工作機會，縮小了定居範圍，也影響了工人階級自身的形成。這一「未完成的」的階級由新工人主體組成，他們在政治上被命名為農民工或民工，代表了在中國至今尚未完成的無產階級化進程。我們認為，新工人階級誕生恰逢「階級」語言被掏空之際。在當代中國，話語失語症和制度性因素給新工人階級的形成帶來了結構性的壓制。

　　社會主義時期中國的「無產階級化」過程是獨一無二的，因為這一過程是由政治力量而非市場力量主導的。首先，毛主義重新闡釋了馬克思的階級分析理論，不僅強調了城市的階級鬥爭，也強調了農村的階級鬥爭。早在 1926 年，毛澤東在〈中國社會各階級的分析〉一文中就已指出，在中國之所以進行階級分析，就是為了讓共產主義革命認清敵友：「誰是我們的敵人？誰是我們的朋友？這個問題是革命的首要問題。」（1965〔1926〕：13）。毛澤東認為「革命的主力軍是工人無產階級」。但是，在二十世紀初的現代工業中，無產階級只有兩百萬人，而且在這「二百萬左右的產業工人中，主要為鐵路、礦山、海運、紡織、造船五種產業的工人，而其中很大一個數量是在外資產業的奴役下」（Mao 1965 [1926]：18–19）。儘管毛澤東對產業無產階級參與革命抱期望，但是他明白這一階級的人數還不夠多，力量不夠大。所以在之後的土地革命、抗日戰爭和國內革命戰爭，毛澤東都是依靠廣大農民，他們被毛澤東稱為半

無產階級，是無產階級真正的盟友。[3]

　　到了解放後，城市工人而不是農村大眾，成了中國無產階級的先鋒隊和新中國的主人。新中國無產階級的革命目標之一便是繼續進行階級鬥爭，保衛社會主義革命。跟在二十年代的胚胎期不同，毛澤東時代的工人階級是在指令性經濟開始實行後的很短一段時間內建立起來的，這跟英國和其他歐洲國家工人階級的成長形成了鮮明的對比，這些地區的工人階級是在市場經濟中歷經半個多世紀才建立起來的。解放後，國家需要對生產、再生產和消費進行干預，中國快速建立了大量的國有企業和集體企業，來進行重工業建設，保衛國家，抵抗西方資本主義。這一時期，工作分配給擁有城市戶口的城市工人，國有企業和集體企業形成了「單位」，保障了新工人階級的工作、住房、教育和醫療。因此在毛澤東時代，當計劃經濟建立時，「社會主義無產階級化」的過程也完成了。在這一過程中，毛主義的階級概念呼喚出了擁有「階級身份」或「地位」的中國工人主體。

　　可惜的是，毛時代對階級概念的政治表達造成了本質化的階級身份話語，並有時體現出無法激發自下而上的政治變革（Wang 2013）。因此在 1949 年解放後，中國根據解放前的「階

3　見斯圖爾特・R・施拉姆（Stuart R. Schram）*The Political Thought of Mao Tse Tung* 一書第 236－237 頁，該書於 1969 年由 Praeger 出版社在紐約出版。

級」分類，對所有人的階級身份或地位進行了劃分：農村人口
按照地主、富農、中農、貧農和僱農的分類進行劃分；城市人
口按照革命幹部、革命軍人、職員、工人、店員、資產階級、
工商業資本家、小商販、小手工業者、城市貧民、遊民的分類
進行劃分。1955 年至 1956 年社會主義改造完成後，城市主要
存在兩個階級：幹部和工人。文化大革命結束前，經常使用的
劃分包括兩個階級，即工人階級和農民階級，另加一個附加階
層，即知識份子。

八十年代初，階級的內涵隨着鄧小平開始推行改革開放而
被迅速粉碎。六四事年以後，特別是在 1992 年南巡深圳、再
次強調自己的改革政策之後，鄧小平公開宣佈，跟右傾相比，
黨和政府更應該警惕左傾激進主義（「主要是反左」）。之前，
國企和集體企業通過保障工作和階級地位，提供了工人階級的
結構性內容，但是改革開始後，工人階級都被迫退出歷史舞
台（Walder 1991; Sargeson 1999）。新興資產階級、城市中產
階級跟國家官僚一起，開始尋求新自由主義的現代性話語，讓
社會主義中國曾經的主角即工人階級「下台」。隨着毛主義的
「階級鬥爭」語言被永久廢止了，中國工人階級的優越地位也
被取消了。但是中國階級歷史上的吊詭一幕卻出現了，在優勢
地位被取消的那一刻，一個新的勞動主體卻迅速崛起。新工人
主體由湧入新工業區和開發區的農民工組成，他們是全球資本
利用中國大規模勞動力的基礎。因此，一個包含着大量農民工

的新工人階級在艱難中誕生了。隨後國企和集體企業的下崗職工也加入進來，他們被迫進入市場謀生。但是新形成的中國工人階級，作為一股階級力量，從其誕生的那一刻起便開始遭受阻礙。當自在的階級開始結構性地發芽時，霸權集團卻毫不手軟，通過各種各樣的權力手段來抑制工人階級的發展，因而階級鬥爭的出現最終有賴於「自為階級」的發展。

如果說是毛澤東的革命理念產生了「階級鬥爭」理論，進而產生了中國的工人階級的話，那麼鄧小平的改革就標誌着「階級」的死亡，並用允許「一部分人先富起來」的口號作為「現代性」話語。八十年代初，「談論傷痕」的首先是那些曾經受過迫害的「右派份子」用來揭露「文化大革命惡行」的知識份子運動，後來卻變成了貶斥毛澤東及其「階級鬥爭」的工具。告別「毛澤東」、告別「馬克思」快速成了權力階層和新精英階層表達自己政治意識形態的座右銘。毫無疑問，當社會自身正在迅速資本化，階級正在迅速形成和重構的同時，後社會主義國家機器通過攻擊「階級」語言，將其霸權基礎顛倒了過來。

回歸階級和新一代工人

在這個吊詭下，馬克思的幽靈現在又回來了。中國新工人階級正努力發芽。新工人主體包括打工妹和打工仔，這一階級因其鬥爭、豐富性、異質性和分散各地的事實，而無法被描述

為或者政治化為一個抽象的階級主體。工人主體正親身感受、理解、回應以及改變他們在當代中國的生活軌跡。階級分析作為階級鬥爭的工具，也只有通過紮根底層才能被再次激活，再次擁有用武之地，比如在勞動體制的日常政治和集體反抗中，中國新工人在缺乏任何力量的幫助下，以一己之力，跟資本和權力進行着艱辛的對抗。新工人主體不得不在具體的生活空間，積累他們自己的階級經歷，並將其作為生活抗爭的一部分。如果說老工人主體曾經自上而下受到過階級語言的呼喚的話，那麼在全球資本主義和中國現代性歷程交叉點應運而生的新工人，則激發了來自底層的「階級分析」的渴望，回到生產線、車間和工廠宿舍中去，這些是工人體驗自身複雜性和衝突性的生活經歷的空間。如果說「階級分析」在當代中國已經死亡，那麼對後社會主義中國，新「打工」主體性的再論述就是一個恰逢其時的籌劃。

如果說第一代工廠女工曾經歷過折磨、焦慮和身體痛感，並像女工阿英那樣尖叫，將自己的身體變成武器用以對抗一個時代 —— 中國在九十年代初期成為世界工廠的時代（Pun 2005），那麼在新世紀初，第二代農民工已經下定了決心要採取行動，要開展集體鬥爭。我們關注階級和性別，從領導權、動員和參與等多角度出發，深入探索了在車間中誕生的等級和權力，是如何在階級和性別的相互作用中影響集體行動的。

事實上，農民工並不專屬於改革開放時代的中國，計劃

體制時代國有企業和集體企業也經常僱用農民工（Perry 1993;
Walder 1986）。當我們說第一代打工者時，我們指的是那些生
於六十年代末和七十年代，在八十年代和九十年代第一次離開
農村、南下新興工業區打工的人。第一代打工者中的先驅，是
那些來到深圳——中國第一個經濟特區——蛇口區玩具廠和
電子廠的女工（Lee 1998; Pun 2005）。第二代農民工指的是那
些在改革時代出生和成長起來的人（即生於七十年代末和八十
年代，在九十年代和二十一世紀初開始工作的人）。第一代打
工者和第二代打工者之間並不能簡單劃分，他們有工作經驗的
多少之別，這會影響到工人對資本和國家的看法，也會影響到
農民工對自身作為一個階級的共同理解，這在當下中國是一個
特定的階級形成過程。

　　儘管困難重重，我們還是能找到區分第一代和第二代中國
工人的時間線，沿着這條線，我們可以了解到第二代工人的階
級性情及其對生活的期望、工作的微妙意義，以及更具集體性
的抗爭行為。他們在改革時期成長起來，並且在世紀初開始工
作。第二代工人的生活方式更具有個性，更傾向於城市消費文
化，他們的經濟負擔較小，所以對個人發展和自由更為推崇，
但他們跳槽也更加頻繁，對工作的忠誠度更低，同時也更容易
在車間發起集體行動。第二代工人生於、成長於改革年代，相
對來說他們的教育程度更高，在物質上更富足，擁有世界性的
視野，但是在精神上他們卻更沒有方向性。改革時期經濟的快

速發展形成了特定的社會結構，在這個結構中對第二代工人來說，儘管他們的工作和生活條件在不斷提高，但也遇到了更深層次的城鄉分裂，更嚴重的收入不均和更強烈的社會排斥。第二代農民工希望有朝一日能成為城市人口，但希望和日常工作之間存在着巨大的脫節，這種脫節體現在了將他們排斥於城市生活之外的宿舍勞動體制上，由此產生的憤怒、絕望和怨恨，反倒有助於工人意識和共同的階級地位的形成。

未完成的無產階級化

> 工友，站起來！
> 你說你的生活注定要流浪
> 你接受了這種命運，帶上了行囊
> 永遠不要後悔
> 即使你將遭受巨大的困苦
> 保重，我的工友
> 不要說你沒有回頭路
> 每個人都有遭受困難和不幸的時候
> 經受所有的磨難之後
> 不管怎樣
> 你要站起來，站起來

——一首登在一份工人雜誌上的詩歌（2003）

農民工的準身份

中國新工人階級日漸複雜的鬥爭已經到了第二代工人。愛德華‧湯普森（E. P. Thompson）在其經典著作《英國工人階級的形成》中寫道：階級形成是「一個動態的過程」，既取決於主觀能動性，也取決於客觀條件，它體現了歷史性關係的概念（1966：9）。

從全球勞工史來看，工人階級的形成與成熟往往在進入工業城市的第二代、第三代農民工中得到實現。打工生活中的折磨、困難和不滿的極限並不會在第一代工人身上出現，而是會降臨在之後的幾代人身上。這就是無產階級化的進程，它使得農業勞動者自願或不自願性地變成了產業工人，而這一過程貫穿全球資本主義的歷史。[4]

在中國逐漸成為世界工廠和工業化社會的過程中，它重現了世界資本主義發展史上的一個普遍現象。[5] 但是中國之所以

4　無產階級化也指將非僱傭勞動力變為僱傭勞動力的過程，結果工人的命運便交到了勞動市場的手中。工人不佔有手中的工具，不佔有加工過程中的原材料，不佔有自己生產出來的產品。

5　這一現象曾在十九世紀英國工人階級形成的過程中出現，在二十世紀東南亞「四小龍」的崛起中出現，在今天南亞和拉丁美洲國家的變革中出現。所有這些國家都經歷了快速的城鄉變化，依靠的是從鄉村來到城市定居的工人階級。農民工來到城市打工的例子隨處可見。但是在其他國家，這些農民工是允許待在城市娶妻生子建立家庭甚至更大的社區的。

是特殊的，便在於其無產階級化過程是獨一無二的：為了將中
國的社會主義體制納入全球經濟，農民工雖然來到了城市，卻
不能留在城市生活。因為新工人階級被剝奪了在工作之地生活
的權利，所以對他們來說工業化和城鎮化是兩個極不相關的過
程。[6] 總之，是城市生產和農村再生產之間的空間分離形成了
中國農民工的無產階級化過程。但是宿舍勞動體制的出現，彌
合了這種分離，提供了一種將工作和「家」結合在一起的新
方案，類似於資本主義早期實行的工作與居住安排（Pun and
Smith 2007）。

　　三十年來，2.7 億農民工中，有超過 1.5 億人背井離鄉，來
到了沿海工業區。他們在外資企業和私營企業裏兢兢業業地工
作，卻依然被剝奪了在城市定居和建立工人階級社區的法律和
社會權利。這種隔離是由政治經濟因素導致的，並進一步由法
律和行政管理措施鞏固，特別是政府對戶口制度的操控，致使
城鄉分裂長期存在。打工者雖無處紮根，卻依然不能熄滅心中
繼續留在城市的渴望，於是他們要麼變成暫居者，要麼成為實
際上的城市居民，從一個工廠跳槽到另一個工廠，從一個城市
遷移到另一個城市。第二代農民工已經意識到，在市政府的眼

6　在這一點上，農民工和城市中產階級有着完全不同的經驗，後者認為工業
　　化和城市化是同步的。雖然中國正在經歷快速城市化，但是這一過程主要
　　是由城市財產資本推動的。產業資本只在將中國變成世界工廠的過程中扮
　　演了一定的角色。

中他們只是二等公民，市政府不承認有義務為他們提供居住、醫療、教育和其他社會服務。

城鄉二元分裂導致了無產階級化進程無法完成，成為農民工（工業社會的一種「準」或「半」工人身份）則意味着不得不面對這種不斷加深的不完整感。農民工受制於這種不完整感，不得不四處流散。在我們過去十年在深圳、東莞研究中，幾乎所有的工人 —— 大多數年齡在十六歲到三十二歲之間 —— 都有着工作一年或一年不到就跳槽的經歷。大多數人已經在城市裏工作了好幾年，但只有很少一部分人認為他們有機會留在城市。城市和工業社會仍然不屬於第二代打工者。農民工無處可去，無處可待，正如詩中所寫：「你説你的生活注定要流浪，你接受了這種命運，帶上了行囊」，因為你既不是農民也不是工人，你只是農民工，夾在農民和工人之間，你的社會身份是不完整的。但是事已至此，農民工還是感到應對自己負責，努力克服困難。「永遠不要後悔，即使你將遭受巨大的困苦」已經成了新一代打工者的格言，他們正努力克服這種不完整感。[7]

7　理查德‧桑內特（Richard Sennett）和喬納森‧科布（Jonathan Cobb）認為，階級的內傷（hidden injury）是自我在日常生活中體驗到的無力感導致的。在階級式社會裏，儘管個人生活在不受自己控制的社會中，但自我還是感到要對因為無力感和不完整感而導致的內心焦慮負責（1972：36-7）。

阿辛的故事：階級的內傷

　　幾年前我認識了在深圳打工的農民工阿辛，之後我和我的研究團隊跟蹤了他長達一年的維權行動，並在 2008 年 5 月跟着他返回了河南老家。我們之所以選擇將阿辛這位三十二歲工人的故事寫出來，是因為我們將其視為新一代農民工的代表，他打破沉默，走出憤怒，將痛苦化為行動，將順從變成拒絕（Pun and Lu 2010）。阿辛為了維護工人的權利和利益，花了大量的時間，採取了一系列的集體行動，在此過程中我們也走進了他的生活，他的抗爭故事我們將在最後一章中詳細討論。在我們認識阿辛時，他和四名同事已經離開了工作的地方 —— 深圳一家為迪斯尼供應玩具的工廠。2007 年 2 月當阿辛離開時，他已經是一位熟練工了，並擔任着模具製造部門的領班一職。1997 年，阿辛高考落榜，第二年他便來到深圳打工。在這十年中，阿辛從一名普通工人變成了技術熟練工，最終幹到了管理一組熟練工的領班的位置。他在三家公司工作過。在與阿辛的接觸中我們可以感受到，他以自己的勤勞和智慧為豪，他以自己的實際行動證明了自己是一位好工人，配得上在一家為知名公司生產玩具的工廠中擔當要職。

　　但是，阿辛只在玩具廠工作了一年便辭職了，後來他就參加集體行動對抗公司了。他回憶説，在走出工廠大門的那一刻，他突然發現自己既無處可進，亦無路可退。他在已經工作

了十年的深圳迷失了方向，在這裏他在事業上小有成就，正如詩中所説：「永遠不要後悔……經受所有的磨難之後，不管怎樣，你要站起來，站起來」。

第一代農民工的代表阿英在九十年代中期離開東莞的工廠後便迷失了方向，[8] 她甚至無法表達這種感覺。但是當阿辛走出工廠宿舍區時，他感到的不只有迷失，還有排山倒海般的憤怒。儘管不清楚自己到底失去了什麼，不明白自己為什麼憤怒，阿辛一點也不「冷靜和平衡」，他決定「幹點大事」。

農民工所處的困境是如此難以克服，以致於我們在深圳和東莞遇到的那些工人，甚至在工作十多年後，仍然不可能留在城市。他們在大城市裏工作得愈久，就愈能感受到自己被排斥的境況。有些農民工在打工幾年後，能夠通過變成小商販、小店主或拾荒者繼續留在城市。但是，他們仍然只是這個城市中的匆匆過客，不可能成為真正的市民。這種境遇是第一代、第二代農民工的共同特徵，同時也是中國無產階級化過程的一個本質特點。

改革：自由和「回家」

阿辛生於 1977 年，在改革時代長大。他是 1.5 億進城農民

8　關於阿英的整個經歷，見《中國女工》第六章。

工中的一員，是第二代打工者中的一份子。如果說改革催化了尚未完成的無產階級化進程的話，那麼新的城鄉分化則為大批農民進城務工提供了社會條件。在中國，城鄉收入分配之間的不平等仍在惡化。隨着改革的進一步深入，不斷拉大的城鄉差距不僅在生活水平上有所反映，還反映在生活方式上，社會分裂由此進一步拉大。對於第二代農民工而言，走出鄉村、改變自我的渴望比第一代農民工更加強烈了。

今天，在中國的很多農村，空巢化已不再是一種擔憂，而已經變成了現實（Yan 2008）。無力感，擔心跟不上打工潮，是很多農村中年輕人自我不完整的表現。阿辛回顧了自己的過去，回憶了三次高考失利的經歷。1998 年第三次高考落榜後，阿辛不顧父親的反對，決定放棄複讀：「我知道有人複讀了七八次都沒有成功，最後崩潰了。我不能再這樣下去了，要不然我也會出事的。也許我應該試試其他出路了。」阿辛還因自己一直依靠妹妹的經濟資助而感到羞愧。阿辛的妹妹 1994 年初中畢業後就去深圳打工了。[9]

阿辛說：「我妹妹初中畢業後就去深圳打工了，她在那裏

9　對於今天農村的更年輕的一代來說，上大學是少數幾種可以離開農村定居城市、享受合法權益和經濟支持的方式之一。除了少數精英外，大多數農民工不管位於工業金字塔中的什麼位置，都無法像城市工人那樣平等地在城市中定居。我們在深圳和東莞調查了 1,455 名工人，其中 75% 擁有初中文憑。相比之下，女工接受高中教育的機會更少，更不要說進入大學了。

幹了好多年，而我卻還在村子裏複讀。」外出打工不僅能夠掙
錢養家，還能培養一個人的個人獨立，幫助他實現自由。對於
阿辛來說，不能像妹妹那樣出去打工，是他痛苦的原因之一。
農民普遍渴望能進城打工、追求自由，這種渴望在新一代人口
中愈加強烈。卡茲尼爾森和佐爾伯格（Katznelson and Zolberg
1986）認為，性情和性習是工人階級形成過程中的最重要的因
素。我們認為，中國新工人階級首次確定自己的身份和主要性
情的時刻，就是都想要外出打工的時候。在中國，無產階級化
在很大程度上是自我驅動的，這一歷程以改革時代的快速工業
化和全球化時代的巨大城鄉差距為背景，農民工強烈希望通過
打工實現自由和改善生活。

　　對於第一代農民工而言，進城打工不僅僅是為了緊跟時代
潮流（當有人外出打工發達後，整個村子都會開始效仿），也
是實現自己經濟目標的手段。這些目標包括蓋新房、資助兄弟
姐妹上學、結婚和做點小生意等。上世紀八九十年代，打工者
因為在城鄉間不斷流動，被媒體稱為「盲流」，他們儘管沒有
明確的方向，卻有着具體而清晰的目標（Zhang 2001）。今天，
第二代農民工外出打工已不再完全是為了實現經濟目標了，他
們更多是為了實現個人的發展和自由，為了體驗不同的生活方
式，他們外出打工的意願因此變得更加強烈。

　　阿辛出生在河南一個有二百多戶人家的村子，村裏幾乎所
有達到勞動年齡的人都外出打工了，有十多戶甚至舉家遷到了

外地。我們關於阿辛老家的研究結果，跟很多其他關於中部農村的研究結果一致（Fong 2003；Yan 2005）。例如，根據方正偉在湖北的調查，在一個有 352 位年齡介於 15 至 59 歲之間勞動人口的村子裏，148 人常年在外打工，村裏只剩下 204 人。改革開放後，城市似乎向農民工們敞開了大門，但是後者很快便會發現，這種開放是極其有限的。

　　1998 年，阿辛終於在深圳的一家小工廠裏找到了工作。這裏的勞動條件與當地其他工廠一樣殘酷。在試用期，阿辛一天的工資只有七塊錢。試用期結束後工資可漲到每天八塊錢。這家小工廠負責生產電視天線轉換器，在這裏阿辛每天從早上七點一直工作到晚上十一點，中午只有半個小時的休息時間。比高強度的勞動更令人難以忍受的是監工對待工人的方式。有一次，監工讓阿辛去搬地上的一個焊接器。焊接器才剛剛融化，所以溫度非常高。阿辛是個新手，並不知道其中的危險，沒戴手套就去撿那個零件。結果所有的手指都被嚴重燙傷了。阿辛回憶道：「當時監工就站在旁邊。他哈哈大笑，眼睜睜地看着我受傷，而且根本不幫我處理傷口。他笑完之後又命令我去做其他事情了。」在這家工廠幹了七天後，阿辛被解僱了。

　　改革賦予了這一代人流動的自由，他們可以自由選擇是為外企工作還是為私營企業工作，可以自由選擇是留在農村還是離開家鄉。改革讓這一代人釋放了改變自我的渴望，但是為了實現這一渴望，他們不得不向工廠老闆出賣自己的勞動力。這

已不再是秘密。改革的辯證之處就在於：改革一方面解放了農民，從而將他們變成了勞動力；另一方面改革卻又限制了農民在工業城市中的自由。阿辛可以自由選擇離開或者繼續工作。但是他一旦開始自由選擇，馬上便發現失去了前進或後退的自由。他是城市中的陌生人，一個永久的過客。他很快便失去了「家」的感覺，感到自己無處叮去。

阿辛繼續向我們講述他在工廠裏的第一份工作：

> 到了第七天，幾個一起工作的老鄉實在受不了了，打算辭職。他們中有人叫我一起走。但我沒答應。我想繼續工作，直到領到工資為止。我們在車間門口談了大約十分鐘。後來老闆看到了，然後跟監工說了些什麼。當我回到車間時，監工什麼也沒問就對我說：「明天你不用來了。」然後我就跟給我介紹這份工作的老鄉說我被解僱了。幹了七天他們本來應該給我四十九塊錢的，但是卻一分錢也沒給我。老鄉說：「你還敢要錢！沒被罰錢就不錯了。」

阿辛幹了七天，什麼也沒拿到，就帶着行李離開了工廠：

> 那段時間我沒有暫住證。我在大街上流浪，都不敢走大路，也不敢走小巷，怕被搶劫。晚上我無處可去，只能去電影院……過了十一點，電影院就開始放夜場電

影，門票只要三塊錢。於是這個可以容納一百人的放映廳就成了四五十人睡覺的地方。有時睡覺的人太多了，甚至連腿都伸不開。到了早上六、七點我們就必須離開了。就這樣我在電影院裏睡了二十多天，直到找到下一份工作為止。

阿辛的故事代表了大多數農民工第一次進城打工的經歷。在深圳一家電子廠工作的女工阿敏説：「我從第一份工作中學到的是，我們是沒有自己的權利的。老闆有權要你走，但你卻什麼權利都沒有。」

在中國，改革中暗含着矛盾：由於資本需要新勞動力，所以農民需要將自己變成工人，去工廠裏心甘情願地賣命。這意味着農民要改變自己長久以來堅持的風俗、儀式、傳統和文化，要改變自己以前的生活方式和歷史。然而，作為可以隨意支配的勞動力，當他們不再被需要時，就被要求返回農村，回到那個他們曾經在引誘下背叛過的、未能對其保持忠誠的地方，這種現象在年輕一代農民工中尤為顯著。如果説「過渡」是第一代農民工生活經驗的主要特徵的話（Pun 2005: 5），對於在城市裏待得更久的第二代農民工們來説，「斷裂」則是他們的關鍵詞。「過渡」意味着轉化，因此尚能給人們帶來希望和夢想，然而「斷裂」卻導致了閉合：農民工既不可能成為城市工人，也不可能回到農村做回農民。

不歸路 ——新形式的圈地

跳、跳、跳，有人說我跳的是生存的舞蹈

跳、跳、跳，我們跳的是疼痛和憤怒……

是誰將我們的人格、尊嚴……

這些細骨伶仃的胳膊撐下來

在異鄉的土地上無助地蠕動、掙扎

——《再寫蚱蜢》

一位年輕的工人寫於 2006 年

2000 年春，在深圳打工兩年後，阿辛決定回老家。他告訴我們：「即使每天努力工作，別人還是不把我當人看。在城市裏我看不到未來。我還能指望什麼呢？我沒有錢，也沒有其他東西可以依靠。我寧肯回家。」阿辛在城市中無立足之地，他看不到繼續待下去有什麼未來或前途。與那些繼續留在城市打工的同輩人不同，阿辛決定回到生他養他的老家去。儘管既不是對農村發展情有獨鍾，亦不習慣將自己看成農民，阿辛還是希望能在農村找到謀生的方法。

兩代工人階級一直都面臨着一個艱難的抉擇，是外出打工還是留在農村。根據 2007 年國務院發展研究中心的一項關於

返鄉農民工就業情況的調查，在 28 個省的 301 個村莊中，返鄉農民工佔到了外出打工農民工總數的 23%，而在返鄉農民工中，16.06% 的人參與創辦了農村企業或者開始務農（Han and Cui 2007）。但是，根據我們在深圳和東莞對農民工的調查，在 1,455 名工人中，只有不到 20% 的人計劃回鄉發展（見 Han and Cui 2007）。

人們常常假定一旦農民工在城裏失業，農村將是他們的最後依靠。有現行的土地使用制度作為保障，農村將承擔這些農民工社會再生產的成本。這一觀點為如下事實所支持：工人一旦離開工廠，通常會在家待上幾個星期。農民工返鄉的意願在春節期間尤為強烈，2008 年年初，儘管連日的暴風雪已造成了數百人死亡，幾千人受傷，卻依然未能阻擋農民工返鄉的大潮。在許多工人的日記中，「想家」和「夢到回家」等字眼反覆出現。在殘酷的工業生活面前，思鄉之情會被當做「弱者的武器」。「家」成了農民工漂泊不定生活中的唯一港灣。

然而，第二代農民工很快便以親身經歷無情地顛覆了這種假設。與十八、十九世紀英國工人階級形成時的情況有所不同，中國的新工人階級並沒有經歷殘酷的圈地運動，國家也沒有強迫農民放棄土地的租佃權。相反，儘管在過去十年間社會各界對農村用地私有化和農民土地權利受損的現象進行了激烈的討論，中國農民以男性繼承制為基礎的土地所有權仍然受到保護（Qin 2006）。中國農民仍然可以擁有一小塊土地，足以

維持溫飽。2006 年農業税的取消進一步減輕了農民身上的負擔。與英國工人階級不同的是，中國農民沒有外在力量強迫他們進行無產階級化。然而，無人強迫農民離開土地並沒有帶來不同的結果。對於第二代工人階級來説，農村的生活條件已經惡化，靠地吃飯的生存方式正逐漸消失，於是新的「圈地」感已經非常強烈。阿辛向我們講述了他當年回鄉的情景：

> 當我回到家的時候，村裏正忙着播種。我為腦中盤算着的計劃而感到興奮。我承包了一塊荒地，準備做點事情。甚至到了晚上我也睡不着覺，腦子裏總盤算着我的計劃，如果我能擴大經濟作物的種植規模，就能發財，就能向父母和其他村民證明回家也是一個不錯的選擇。

阿辛開始動員親戚和鄰居，「我之所以能成功，是因為我付出了巨大的努力讓人們相信我，而且我在村裏的人緣還不賴」。阿辛當時很高興。有人為他提供拖拉機和勞動力。他大概能得到二十畝的可耕地用於自己的創業計劃。在對當地市場進行了調查後，阿辛決定種西瓜，因為這種水果便於管理，在市場上也很暢銷。然而，就像農村經常發生的那樣，天有不測風雲。由於連日大雨，西瓜過快地成熟，甚至來不及出售就已經爛在了田裏。阿辛的父親在農事上很有經驗，他深諳農業生產和市場波動的風險，所以從一開始便反對阿辛的承包計劃。

他背着阿辛勸其他人撤回土地。僅僅幾個月的光景，阿辛就花光了幾千塊的積蓄。他別無選擇，只能再次離開老家外出打工。

資本家斷了農民的生計，父親的反對在某種程度上也斷了阿辛的生計：父親絕無可能讓兒子繼續留在農村，因為在他看來這裏沒有未來。阿辛強烈的「返鄉意願」遇到了父親同樣強烈的「反對意志」，於是父子之間便展開了鬥爭。父親的意志最終打消了阿辛強烈的回鄉願望，留下了一種類似「圈地」的效果，這種效果既是精神上的，也是現實中的。

阿辛的這種經歷決不是個別現象。在那些決心回鄉做點小生意的農民工中，只有不到一半的人最終回到了農村。而在那些最終返鄉務農的人中，我們在深圳和東莞見到的大多數以失敗告終。女工阿華的例子就很典型，她回家結了婚，然後在粵西老家做農活。她跟我們講：「我在家裏養鴨子，三個月就賠了五千塊。我一點養鴨的經驗也沒有。好多鴨子都死了，賠了本，就又得回來打工了。」當女工達到婚嫁年齡（一般在二十二歲到二十六歲之間）後，她們通常會回老家結婚，然後搬到丈夫家居住，一些人也許會在鎮上做點小生意。不過阿華只在家裏待了半年，就又回深圳打工了。儘管政府最近出台政策鼓勵農民工返鄉建設新農村，但是農民工既沒有務農的經驗和技術，又缺乏成功創業所需的資源和資助，再加上市場的高度波動性，他們的返鄉創業之路上可謂障礙重重。

在阿辛的河南老家，情況也大致如此。村裏只剩幾戶人家還在務農，其中就包括阿辛的叔叔，他承包了一個魚塘，一個藕池，還養着豬和羊。阿辛的叔叔和嬸嬸説，不管全家如何努力，即使投入三個勞動力，一年下來也掙不到一萬元。就算阿辛留下來種西瓜，也很難超過叔叔的光景。

阿辛別無選擇，只能再次離開老家。這次回家他受到了嚴重的打擊，但也只能將痛苦深埋心底，隻身再次來到深圳。在開往深圳的火車上，他無意中得知在深圳做模板很賺錢，於是就進入了一家生產手工藝品的工廠，每月工資 800 元。試用期結束後，工資有所增長。在這家工廠幹到第三年（2002 年）時，阿辛一個月已經能拿到 1,700 塊了。有時加上加班費還可以掙到 3,000 塊。

阿辛能夠成為熟練的師傅並拿着較高的工資，可以説是十分幸運的。但是由於曾經受過心理創傷，他從沒在工作中得到過快樂。如果説追求物質回報是工人階級超越內在差別的共同理想，那麼對於阿辛來説，這種理想已經沒那麼重要了。工作對於阿辛來説是已經失去意義感，並在他的生活中造成了裂痕：「不管在哪工作，我都不快樂，我的心永遠不能平靜下來，我總覺得應該幹點大事。」

擺在第二代農民工面前的選擇非常有限：「當我出來打工時，我很想家。可當我回到家時，我又想出來打工。」只有一小部分農民工願意回鄉發展，但跟阿辛一樣，他們回不去了。

大多數第二代農民工都已意識到，回到農村「無法發展」，他們再也「回不去」了。對於農民工來說，「種田沒有錢賺」已經成為了一種共識。事實上，他們知道蓋新房的成本，結婚、教育和醫療的開銷，以及購買日常生活用品的支出，全是打工時賺的錢。除了三餐外，勞動的社會再生產，包括住房、穿著、教育和醫療，幾乎都得依靠他們打工賺的錢。農村承擔了農民工社會再生產的成本，這個觀點是有問題的。對於返鄉農民工來說，農村缺乏個人發展的空間，也不能支付他們社會再生產的成本，這進一步加強了「圈地」的效應，導致了我們所認識的「自我驅動」的無產階級化進程。

在物質和精神兩個層面，農村都被掏空了。第二代農民工成長於一個生活條件相對較好的時代，他們的眼界更為開闊，對於染什麼顏色的頭髮，穿什麼款式的衣服更為津津樂道，但是他們一旦踏上打工之旅，就很難找到回家的路了。十幾、二十幾歲的農民工，不論男女，通常都不知道家裏有幾畝田，不知道種田能賺多少錢。他們更渴望想盡辦法留在城市。在他們的理解中，打工（為老闆幹活）並非長久之計，很多人因此夢想有朝一日能當上老闆。第二代農民工難以實現的個人期望，在農村和城市之間往返時遇到的無盡挫折，都不可避免地導致了無處宣洩的憤怒與不滿。

小結

改革再造了中國，將中國打造成為「世界工廠」。同時，改革也再造了新的中國工人階級政治。沿着一條特殊的無產階級化道路，第二代農民工已經逐漸意識到了自己的階級地位，並參與到 系列的集體行動中來。第二代農民工的準社會地位，使他們有了比第一代農民工更為強烈的憤怒和不滿。他們意識到自己已經被完全無路可走了：城市留不下，家鄉回不去。精神與實質上的「圈地」跟中國農民工尚未完成的無產階級化過程緊密相連，是由城市生產和鄉村再生產之間的空間隔離導致的。

我們在探究中國新工人階級的形成時，不僅將其看成社會結構在時間上（例如改革）的自然產物，而且將其看成參與創造社會變革（中國成為「世界工廠」）的歷史與政治主體。對於新工人階級來說，中國成為世界工廠的過程是切身可感的。第二代農民工的親身經歷中充滿了憤怒、傷害和不公平感，這對我們理解中國階級行動的未來發展具有重要意義。

阿辛的故事之所以具有代表性，是因為他的故事加深了我們對農村生活和車間鬥爭的理解。阿辛坎坷的經歷既是個人的，又包含着深刻的社會意義，他的經歷既跟工廠有關，也與農村相關。生產和社會再生產的政治辯證地得到了呈現，兩者相互強化。阿辛頗有主見的父親盡其所能阻止兒子回鄉創業，

這點可能比較特殊。然而，就回鄉創業並最終失敗而言，阿辛的經歷又與很多農民工類似。失敗迫使他們再度外出打工，這個過程永無止境，無產階級化過程永遠無法完成。這形成了一種惡性循環：改革和城鄉二元分裂激起了人們逃離農村的欲望，但逃出來後農民工也只能在工廠艱難打工，當他們在工作中遇到挫折時，往往又會萌生返鄉的念頭。但是對於已經返鄉的農民工來說，他們無處可去，只有通過外出打工才能活下去。這種惡性循環給農民工帶來了一系列殘酷的生活體驗，不可避免地導致了憤怒和反抗的政治。

第五章

空間政治：
宿舍勞動體制下的
生產和社會再生產

　　關於全球資本主義擴張，近期的大部分研究要麼關注的是一般意義上資本的作用，要麼關注的是金融化進程；在新自由主義轉向和全球經濟快速重構的大背景下，這些研究至多提供了一種對資本—國家紐帶的分析（Harvey 2007 [1982], 2010, 2014）。在對資本主義空間政治的研究中，人們往往認為，全球資本在國家的支持下獲得了特權，並最終實現了跨空間的超越。但是，另一方面，事實上是全球資本和國家共同導致了各種矛盾，反而打開了底層抵抗的空間。目前，人們對世界資本主義中的資本之謎進行了詳細的研究，但勞動的辯證法如果不是被置換的話，也只是作為一種補充性研究，尚未被深入挖掘（Lebowitz, 2003）。有一種關於當代全球資本主義重構和資本功能不斷出現危機的西方視角，受這種視角所累，我們嚴重低估了從第三世界國家自身視角出發、解讀勞動在塑造當今資本主義版圖時發揮作用的研究。

　　本章將以過去十年間的中國工業城鎮民族志研究為基礎，旨在將「勞動」和「階級」重新帶回全球資本主義空間政治中心。在將宿舍勞動體制概念化為一種勞動空間政治的表現形式的過程中，我們認為勞工、勞工階級及勞工同資本和國家的關係，對於全球生產空間的形成至關重要。通過實證研究我們發現，宿舍制度中包含着極為複雜的階級矛盾，這些矛盾在階級、性別和族裔等幾方面，引發了工人通過日常集體的鬥爭，去抵抗全球資本主義。本章也將重點指出，階級是可以被重新

激活的，並通過根植於底層工人的階級經歷，成為一種有用的概念，即階級在宿舍勞動體制的日常微觀政治中，呼籲農民工體驗各自有所不同的階級經歷。

2013 年夏天，我們來到了位於深圳工業區工人集體宿舍的一群女工中間，她們在工廠區的小賣部一邊聊着天，一邊看着電視劇。在工廠裏小賣部是一片開放的區域，大多數來自農村未成家的工人都是在這裏度過他們非常有限的閒暇時光的。平日裏，整個工廠大門緊閉，工人們住在廠區內公司大樓南邊的五棟宿舍樓裏。宿舍裏，一些女工正抓緊時間洗澡、洗衣服，還有一些則在結束了長時間的工作後享受難得的休息時間。工人們因為在出賣勞動力的城市裏無處可去，不得不住在離公司很近的公寓裏，或者擠在公司提供的住宿裏。中國的新興工業化城鎮都擁有令人印象深刻的工人集體宿舍，一棟樓往往可以容納上千人。在寒冷多風的夜晚，宿舍走廊上晾着的衣服就像各國彩旗一樣上下翻飛。這是中國新工人階級的旗幟，標誌着資本無國界，也象徵着社會主義大地上的苦難。

中國重新定位為世界工廠，依靠宿舍勞動體制，保證了中國新工人階級在全球資本主義的核心進行重構和抗爭（Pun and Smith 2007）。沿着當今世界資本主義的軸心，我們認為不管資本、工業和個人的具體境況如何，中國作為世界工廠的最大特徵，是對宿舍勞動體制的「系統性」應用。在當代中國愈來愈複雜的階級關係中，宿舍勞動體制通過不同級別的空間化勞

動，逐漸演變為控制、壓榨勞動生產和再生產的手段。這一體制還包含了異常複雜的階級矛盾，而這些矛盾引發了工人通過日常和集體抗爭對全球資本主義進行反抗。除了生產關係領域，宿舍勞動體制產生的日常再生產政治也成了抗爭的場所。

我們需要對跨國生產過程中的結構性要素進行更為微觀、更為深入的探索，探索空間生產的重構如何影響了多種規模生產地點的勞動政治，在這裏全球經濟的宏觀場域與地方政治、勞動市場、性別關係和車間關係的微觀場域相遇。在本章中，我們將探討中國特殊的勞動體制，即宿舍勞動體制，以及在該體制下打工者發起的對抗和反抗。從階級和性別的角度來看，我們將宿舍勞動體制理解為一種特殊的用工形式，這種形式在中國新工業區廣泛使用，以促進全球生產。

什麼是宿舍勞動體制？

2005 年夏天，我在東莞迪斯尼供應廠的宿舍樓三樓見到了阿梅。跟第一代女工在宿舍裏書寫家書不同，新一代女工現在用手機給親人、愛人發短信。阿梅說：「宿舍只是一個睡覺的地方，這裏是沒有生活的。但是誰介意呢？連工人自己都不介意。」這裏的宿舍只有三十平米那麼大，卻住着八位女工，每人僅擁有一張床和一個私人櫃子，八個人共用一個洗手間，也在洗手間裏洗澡。我們以為這樣的住宿條件已經非常惡劣了，

但是在第一代打工者，這麼大的宿舍裏一般住着超過二十個女工，相比之下，第二代女工的生活條件已經有了很大的進步了。不用工作時，阿梅和其他女工除了待在公司宿舍，很少有別的地方可去。阿梅覺得待在工廠宿舍是沒有自由的。對於其他人來說，跟住在宿舍相比，她們更願意在公司附近的村莊裏租房居住，一般四五個人合租一套房。就這樣，住在宿舍裏的所有工人，被資本扶持的宿舍勞動體制剝奪了正常的生活。

　　什麼是宿舍勞動體制？宿舍勞動體制以工廠體制下日常生產和再生產的空間重構為特徵，將工作空間和住宿空間高度壓縮在一起。公司通過在工廠附近提供住宿來安置農村的大量剩餘勞動力，在此過程中將空間、國家和資本結合在一起，促進了全球生產（Pun and Smith 2007）。就像我們之前說過的那樣，政府通過戶口制度，剝奪了農民工階級在城市居留的公民權。對於農民工來說，微薄的收入更是杯水車薪，他們根本無力支付在城市裏的住房開銷，於是工人們別無選擇，只能住進僱主提供的宿舍。對很多觀察者來說，中國是一個奇跡，不僅僅是因為中國經濟飛速發展，還因為雖然每年在城鄉之間移動的農民工有 2.7 億人之多，但是中國卻沒有因此變成「貧民窟帝國」。是什麼吸收了規模如此巨大的農民工群體呢？為什麼中國的工業城市沒有重蹈很多其他第三世界國家的覆轍，在快速工業化後出現貧民窟呢？宿舍勞動體制為我們提供了線索。在經濟特區和工業城鎮，宿舍的應用是廣泛而系統的，宿舍除

了為農民工提供暫時棲身之所外，也讓公司實現了對勞動的控制，因為工作空間和生活空間在資本和國家的推動下實現了高度整合。宿舍勞動體制產生了快速流動的勞動力，他們在城鄉之間來回穿梭，在工廠之間更換着工作。正是這種流動性讓資本控制了工人的生活空間，讓國家控制了人民的居住。因此宿舍勞動體制就掩蓋了貧民窟的存在，而貧民窟在大多數發展中國家十分普遍。

　　要理解中國宿舍勞動體制的特殊形態和快速流動工人階級的形成，性別是關鍵。從八十年代到九十年代，大批內地農民工湧向工業城市，新興的出口導向型產業首選僱用的是那些年輕的單身女性。她們是手指靈活、「溫順」、「馴服」的勞動主體，因此在工人中佔有較高的比例。在服裝、玩具和電子行業中，女工的比例甚至高達 70%，是她們形成了中國第一代農民工。那時候，單身女工的年齡大多在十八到二十五歲之間，她們每天能工作十四個小時，沒有週日和公共假期。那是資本的黃金時代，因為新工人階級尚能提供充足的、理想的、以女性為主的勞動力。

　　到了二十一世紀，因為在所有部門資本開始快速積累並擴張，偏愛女工的用工形式快速增長，所以女性勞動力很快便用完了。勞動力短缺的時代來臨了，特別是在 2004 年之後，用工愈來愈吃緊。以前，未婚男性被當成是不穩定的勞動力和麻煩製造者，但是現在，未婚男性也走進了工廠的大門。已婚

男女緊隨其後，儘管他們已不再年輕，精力也不再充沛，可能無法應付白班、夜班連軸轉的辛勞。如今在新興工業城鎮，因為用工吃緊，服裝廠、電子廠和玩具廠都將目標瞄準了男性和已婚女性。第二代農民工因此有了較為平衡的性別結構。在對出口導向型工業進行研究時，除了年齡和家鄉，性別也是不可或缺的視角，是不同性別的工人在為世界市場進行全球生產。在中國融入全球經濟的過程中，我們目睹了宿舍勞動體制的出現，目睹了不同性別打工主體的誕生，他們在特定的生產空間被性別化。中國工人的性別化呼應了全球勞動使用的女性化，後者在全球資本主義擴張和新國際勞動分工誕生的背景下出現。同時進行的還有微觀性別化的過程，正是在這一過程中，工人獲得了性別身份（Ong 1987; Kondo 1990; Lee 1998; Pun 2005）。

中國宿舍勞動體系的起源

　　中國宿舍勞動體制不僅僅是全球資本主義重構下的新的空間修復，同時，不管是在西方還是東方，在工業化進程中，宿舍式的用工形式都有着悠久的歷史（Pun and Smith 2007）。解放前，工業宿舍首先在上海的日資企業中出現，這與快速工業化時期的宿舍用工歷史遙相呼應（Smith 2003）。在南非等發展中國家，礦鎮也普遍使用宿舍為打工者提供住宿（Burawoy

1976, 1985）。西方國家、拉丁美洲國家、日本和韓國都在工業化早期使用過宿舍。[1]

　　從中國歷史的發展來看，工廠宿舍第一次出現是在二十世紀初，規模還十分有限，那時帝國主義作為「資本主義的最高階段」，正將大量外國工業資本帶入中國。在對從世紀初到四十年代的天津棉花、絲綢工人進行研究時，賀蕭（Gail Hershatter，1986）發現，外資企業通過僱用外地女工，並將她們安置在宿舍中，大大降低了自己的勞動成本。但是如果女工有選擇，她們還是願意跟親戚或老鄉住在附近，而不願意待在工廠提供的宿舍裏。賀蕭指出：

> 　　如果可以，天津作坊主更願意將工廠建成一個封閉的空間，由他們提供服務，由守衛進行安保。但是工人們卻用腳投票，反抗這種試圖將居住變成「訓規工具」的打算 (Hershatter 1986：165)。

　　宿舍可以為那些沒有親戚和老鄉關係的單身女工提供庇護所，但是她們一旦在宿舍住下來，便不准再離開，在晚上還會被鎖起來（Hershatter 1986）。韓起瀾（Emily Honig）對三十

1　非常感謝克里斯‧史密斯（Chris Smith），是他首先向我介紹了宿舍勞動體制這一概念，也是他提醒了我在日本、韓國、拉丁美洲和南非，也存在着類似的勞動體制。

年代上海棉紡女工進行過類似的研究，她也發現承包商會僱用幫手守衛宿舍，甚至在假期和非工作日也嚴加看守，結果女工不得不睡在一起，還要忍受承包商的性侵犯、擁擠的居住環境和惡劣的衛生條件。

裴宜理（Elizabeth Perry）在《上海罷工：中國工人政治研究》一書中也提到過，在解放前的上海，第一代工人主要由技藝高超的工匠組成：

> 首先……工人們被要求住在宿舍，但是工人數量很快超過了宿舍 1,500 人的容納上限，於是很多工人便搬進了附近的住宅。從同一個地方來的工人往往住在一起，工作在一起，久而久之在這家兵工廠形成了一個聯繫緊密的廣東幫（1993：36）。

裴宜理認為，雖然因為同鄉關係而形成的分化不會阻礙階級意識的發展，但是只有通過共處一室和共住一區，工人之間才能形成關係網，才能孕育集體行動。裴宜理在書中還記錄了解放前上海工人階級所扮演的反叛角色。

到了社會主義時期，城市裏的國企也開始為工人及其家屬提供宿舍。但是這時候，宿舍的性質已經發生了徹底的改變，因為工人全家都能住上政府提供的單元房，因此工人階級也被認為是享有特權最多的階級。社會主義時期的居住政治經濟學與當代截然不同，那時的「單位」就像公社一樣，為工人提供

工作、住房、醫療和教育等終身福利（Bian 2009; Lu and Perry 1997）。如今，社會主義「單位」體系已經在城市改革中分崩離析，改革也粉碎了社會主義時期建立起來的享有特權的工人階級。今天，中國發生了翻天覆地的變化。國家控制戶籍制度，資本提供工廠宿舍，工人缺乏獨立住宿，在這些因素的綜合作用下，當代宿舍勞動體制變得更有支配性、更廣泛、更全面了，這樣的宿舍體制不管是在中國歷史還是亞洲歷史上都是史無前例的。中國今天的宿舍勞動體制是獨特的，因為宿舍的提供面向所有人，不分行業，不分資本類型，不分部門，不分地點。

因為家鄉缺少工廠，新打工主體才出來打工，他們在不同省市之間來回穿梭，在工廠和宿舍短暫停留。他們的流動性受兩大社會條件所塑造：第一，農民工有將勞動賣給全球資本或私人資本的「自由」，這兩種資本在後社會主義時期的中國是允許出現的；第二，國家通過制定法律來控制人口數量和人口流動，通過限制工人的自由流動來滿足跨國資本和城市發展的需求。這兩個社會條件在很大程度上是相互矛盾的，所以一方面農民工擁有在城市裏工作的自由，另一方面卻受到阻礙，不准他們在城市永久定居，不准他們發展成為新工人階級。宿舍勞動體制是全球資本主義與國家社會主義遺產雜交的產物，它重新連接了生產和日常社會生產，服務於全球資本積累。

勾畫現代宿舍體制

我們將以一家高級服裝廠為例，說明現代宿舍體制的運作。我們在 2003 年第一次來到中國銀光服裝廠，並於 2013 年對這裏進行了回訪。中國銀光服裝廠是一家位於上海的合資企業，由一名大陸經理和一個台灣家族企業共同擁有。公司成立於 1995 年，大陸經理負責日常管理和生產運營，台灣方負責從歐洲公司和日本買家那裏獲得生產訂單，確保續訂。中國銀光服裝廠主要生產服裝和內衣，生產所需的布料在大陸採購、印染。除了為買家供貨外，銀光服裝廠還生產自己的品牌內衣，在大陸銷售。

銀光服裝廠 30% 的產品銷往歐洲，買方要求服裝廠嚴格遵守相關規範。在全球分包鏈上，銀光服裝廠尚處於較高的位置。因為台灣資金的注入，公司可直接跟歐洲買家聯繫。跟建築業一樣，服裝行業也通過複雜的分包體系組織生產，一家公司的供應鏈和生產鏈往往遍佈全球。銀光服裝廠會將一些訂單，特別是涉及織物和編織的環節，分包給當地更小的工廠。儘管工廠管理層主要由大陸人構成，銀光服裝廠還是立志成為全上海最先進、最現代化的企業，立志達到國際標準。大陸經理用「走向全球」這句俗語來解釋公司的目標。人們認為只有放眼全球，才能保證公司通過引進先進的管理方法和國際化的勞動標準，在激烈的全球競爭中生存下來並實現發展。工廠經

理是一個樂觀、雄心勃勃的人，他饒有興趣地勾畫着一個全新的工廠管理範式。但是不管是在國內還是國外，長久以來中國工廠都是同「血汗工廠」聯繫在一起的。

　　既然中國銀光服裝廠打算進入全球生產的流通中，那麼對於工廠而言，資本積累空間生產政治的重要性就顯而易見了。2001 年 3 月銀光服裝廠遷到了上海附近的一個科技開發區。該區由政府新建，旨在吸引外企、合資企業和私人投資企業來此進行出口加工。銀光服裝廠的新廠區表面上看起來很高級、很現代化，工廠新建了一棟三層的生產樓，一個附屬的管理區，一個獨立的單層食堂（帶有廚房）和獨立雜物間。在巨大的廠區（佔地約 18,000 平方米）內，有一片區域尚未使用，服裝廠計劃在此蓋上一棟現代化的宿舍樓，並配上先進的設施。因為建造了新廠區，服裝廠的所有權向大陸經理傾斜，經理擁有了公司 70% 的股份，而台灣方持有的股份則從 50% 下降到 30%。

　　2003 年，銀光服裝廠儘管已經擁有了先進的廠區，卻仍然缺少一棟滿足 SA 8000 標準和歐洲公司標準的現代化宿舍樓。歐洲公司對服裝廠進行了多次視察，加快了現代化宿舍樓的建設步伐。銀光服裝廠有僱員一千多人，這一數量有助於保留高質量的工人，公司也希望擁有相對穩定的生產力，建立即時補充的勞動體系，這就是為什麼銀光服裝廠要在廠內修建宿舍樓，因為這樣可以開展即時（just-in-time）生產體系建設。歐洲公司派出的特別工作組認為：

　　首先要盡可能快地建好宿舍。宿舍要達到國際標準，也要保證工人擁有較好的生活環境，這樣他們才能更好地投入工作。

　　從中我們可以看出，工廠管理的首要任務，是為生產而留住工人，預防工人離職。通過嚴格的管理，將勞動力「限制」在較好生活環境中的做法，其本身就是一種吊詭的管理策略，因為工廠打算留住的工人是具有流動性的、是不穩定的。在中國，外資企業和私營企業的工人離職率非常高，每年從 30% 到 90% 不等（Smith 2003）。

　　勞動者的流動性不僅令管理層頭疼，也令中國政府感到非常棘手。從九十年代中期開始，每年都有數以百萬計的農民工如潮水一般地湧向城市，相關問題都需要政府處理（Cook 2002, Fan 2003）。銀光服裝廠 90% 的勞動力都是來自於浙江和江蘇，剩下的 10% 是上海本地人，他們住在自己家裏。70% 以上的工人是女性。大多數工人都在二十五六歲到三十五六歲之間。因為新宿舍樓尚未建成，在公司，工人的住宿是一個敏感的問題。

　　空間分層不僅通過工資、職位和地位，還通過生活條件影響了勞動力分層（Rofel 1999）。全球資本主義以空間差異性和等級性為基礎，在勞動生產和宿舍供應的微形式上有所體現，這在跨國公司的車間裏尤其明顯。管理人員、技術人員、

文職人員和生產工人在住宿條件上存在着巨大的差異，說明了空間分層的存在，這種分層進一步加強了勞動力分層。銀光服裝廠在三個地方租了套房和宿舍，其中兩居室的公寓給管理人員、工頭和辦公室文員居住，他們的住宿條件比生產工人要好得多。公寓裏配有餐廳、廚房、廁所和帶熱水的淋浴間。工廠還從政府那裏租了住房，作為工人宿舍，每間宿舍可容納八至十六人。這裏的生活條件十分惡劣，難以達到歐洲公司的最低居住標準。宿舍裏沒有廚房和淋浴；平均十多人共用一個廁所，而且廁所的衛生條件也不達標。宿舍裏沒有適飲水，工人只能到一樓購買。工廠沒安排消防演習，宿舍樓裏也沒有應急燈，滅火器要麼不存在，要麼根本就不能使用。

跟公司標準相反，工人根本沒有存放衣服和私人物品的空間，所以他們只能將這些東西掛在床頭。宿舍裏沒有風扇，甚至在頂層的十六人房間裏也是如此，一到夏天這裏的溫度就居高不下。有些宿舍甚至沒有熱水和淋浴，工人只能去公共澡堂洗澡沖涼，每次五塊錢。在歐洲公司的施壓下，服裝廠向我們展示了宿舍的平面設計圖，這張圖是由建築公司和設計公司按照歐洲公司的標準進行繪製的。

2013 年，當我們再次來到銀光服裝廠時，高級宿舍樓早已建好並投入使用。宿舍區就像學校一樣，有一片空地作為操場，宿舍樓每層都有走廊，還有整潔的客廳。現在，每間宿舍住四到六人，每人一張床，宿舍還提供照明、存儲空間、公共

廚房、廁所、淋浴、風扇和熱水等設施，甚至還裝了空調。宿舍樓一樓是圖書館、診所和娛樂室，供所有工人使用。公司以為有了更好的設施，就能夠留住更多高質量的勞動力，留住更多經驗豐富、技能高超的勞動力，並從中獲利。但是這麼多年過去了，事實證明一棟漂亮的宿舍樓是留不住勞動力的。

在銀光服裝廠，工人的平均工作年限是兩年。保證勞動力的穩定和自律，依然是工廠管理的重中之重。因為工廠勞動力尚且年輕，工人的頻繁更換有助於降低工資水平，所以工廠留住勞動力的目標顯得有些自相矛盾。因此，「老員工」也不過是多待幾年而已，工廠並不希望改變外來務工人員的人口構成。正如我們之前注意到的那樣，工廠提供的額外福利是用來對日常勞動進行約束的，以便能更好地滿足生產需要和市場需求。一位已經在這裏工作了三年的工人告訴我們：

> 我在工廠算是老工人了。剛開始選擇銀光服裝廠是因為這裏工作條件好，但我逐漸意識到，每月就發這麼點工資，我永遠不可能將家人接到上海生活。好看的宿舍又有什麼用？我還是得跟家人分開。

對於很多工人來說，工廠之所以修建現代化的宿舍，並不是為了工人着想，而是為了應付跨國集團的檢查，檢查團總喜歡拿着核對表、一項一項地檢查工廠的設施是否到位。通過設計和建造專用的現代化宿舍，工廠可以實現對工人業餘生活的

控制。負責工廠設施的經理這樣解釋道:「公司可對宿舍進行更多的監管和檢查。住在宿舍,女工也能得到更好的保護。」他接着說:「男性工人晚上是不允許在街上亂逛的,宿舍也能更有效地控制吸煙。」儘管男女工人的居住條件類似,男工和女工還是被嚴格地分開,以便工廠控制工人的性行為。

工廠希望工人能對宿舍實行自我管理,這樣工人也能學習如何自律,如何保持生活環境的整潔。從福柯理論的角度來看,工廠之所以通過現代宿舍體制為工人提供較好的生活條件,是因為這樣可以對工人的身體和主體性進行長期監控(Foucault 1977)。從唯物主義的角度來看,工廠對宿舍的投入愈大,就愈渴望對其進行控制。更乾淨的生活場所、更私人化和個人化的空間、通風條件更好的房間都指向了一種現代的工業存在形式,一種單向度的人,這種人非常適合為世界級知名服裝品牌進行生產。工人們為了生活條件的改善也付出了代價,那就是生活在隱形的監控之下。隨着工廠不斷加強對工人業餘生活的訓規權力,工人不得不放棄流動的自由。

中國銀光服裝廠的現象並非個別例子。在中國,隨着農民工的數量達到總生產力的 90%,他們的住宿成了一個棘手的管理難題。近幾年,愈來愈多的公司開始摒棄過去以懲戒為目的的罰款體系,轉而實行積極的獎勵機制。管理人員想像並勾畫了一種現代的宿舍勞動體制,來適應跨國語境下的全球化生產。這說明對於宿舍勞動體制來說,為了與國際市場接軌,資

本最常用的策略之一就是通過遵守行為規範、達到國際質量標準，接受跨國資本的合理化邏輯。

宿舍勞動體制和中國新工人階級

中國城市的工業空間景觀由宿舍勞動體制塑造着，宿舍勞動體制又導致了成千上萬的大型建築被暫時用作工人宿舍。宿舍空間集生產、居住為一體，可被自由支配，也可被替換。這決定了宿舍空間的生命周期較短，形成了工人階級匆匆過客的特徵。同時，短時性也成了工人階級在很長一段時間內的特徵。儘管單棟宿舍樓和單個工人只在較短的一段時間內存在，但短時性已經成了他們的本質，宿舍空間遍佈中國的大城小鎮，擴張趨勢仍在延續。八十年代初，中國在南方成立了四個經濟特區，這些新興工業區以出口為導向，以外企為主導，非常依賴住在宿舍裏的農民工。九十年代中期，工業區隨着中部和北方的工業城鎮興起而快速擴張。到了二十一世紀，大多數城市都成了「世界工廠」，為國內外市場生產貼着「中國製造」標籤的產品。隨着數以百萬計的農民工湧向工業城鎮，工人的住宿成了企業必須要解決的問題。在全球資本積累的過程中，通過對工作空間和居住空間加以改造，宿舍勞動體制成了保證兩代新勞動階級用工的關鍵。

儘管宿舍勞動體制已經成型，我們還是看到了企業通過多

種形式來管理工人住宿。下面以深圳的一個工業區為例，對此
進行說明：

1. 企業租用宿舍：企業從政府或個人手中租用住房，作為
工人宿舍。這是深圳最為常見的宿舍形式，也佔宿舍總數的大
多數，特別是在工業區周邊更是如此。這類企業通常是中小型
企業，約有僱員幾百至上千人。宿舍的居住條件一般存在着巨
大的差異。每間宿舍可住八到十二人，2014 年的宿舍租金達到
每人每月 100 到 150 元，這一數字可能包括也可能不包括設施
使用費和其他開支。宿舍裏，盥洗室、澡間和飲用水設施都是
共用的。大多數企業擁有職工食堂，分包給家庭小作坊負責。

2. 企業擁有宿舍：這類企業通常是大型企業或跨國企業，
它們通常會購買土地使用權，然後自建宿舍樓，由地方政府或
私人開發商負責建造。這類企業通常擁有僱員上千人，因此公
司至少需要建造五、六棟宿舍樓。宿舍樓的結構跟醫院或者學
校類似，每間宿舍約 30 平方米，可容納八至十二人。有些企
業提供免費住宿，有些企業則收取 100 元/月/人及以上的住
宿費。同樣，所有的生活設施均需共享。跨國公司通常還提供
公共休息室。

3. 工人自行租房：如果宿舍供給不足或者工人已婚，工人
就會從當地村民那裏租房居住。每間房的房租約 500 至 600 元
/月（2014 年），通常由兩到四人分攤。一套三居室的公寓通
常有六到十二名工人同時居住。這種宿舍通常還包括廚房和餐

廳，但是工人們實在太忙了，所以基本沒時間做飯。工人雖然租了房，但是他們不會像對待自己家那樣對待這裏，他們只會把這裏當作宿舍，一個臨時居所而已。

　　但是，宿舍空間的多樣性和複雜性，無礙於新工人階級的存在：作為農村主體，農民工的城市居住權是無根的、不穩的。農民工的命運在宿舍勞動體制中體現得淋漓盡致，在這裏，日常勞動再生產以最基本的形式存在着。只要住在集體宿舍，工人就等於把居住權交給了資本，形成了農民工的暫時性。農民工對於資本來說只是暫時的、一次性的。但這兩種性質卻有助於資本不斷榨取工人的勞動價值。不管工人何時離開、走到哪裏，宿舍勞動體制都等着她或他。城市中無處棲身？不要緊，公司會幫助你。只要還能壓低工人工資，只要工人還得承受城市高昂的居住成本，公司便很樂意為農民工提供住宿。就算資本沒有刻意創造宿舍勞動體制，宿舍也成了資本榨取勞動力、壓縮勞動成本最有效、最有力的空間。

　　在大多數新興城鎮，剛開始是由政府將配有宿舍的工廠租給廠主的。工廠一般不會為家庭提供住宿，資本對勞動者的下一代再生產不感興趣。資本關注的是如何通過控制勞動力的日常再生產，將臨時工、農民工和合同工的勞動使用最大化。外企建造的工廠宿舍樓一般都是多層建築，這樣的居住空間極具集體性。拉上簾子，床鋪就是工人唯一的隱私空間。但這仍不能解釋宿舍作為一種生產方式所扮演的角色，不能解釋因生活

和工作合二為一而導致的工人雙重異化。

　　農民工被迫向家人、家鄉和農村生活告別，然後來到車間，臣服於個人化進程。管理部門將農民工看成「工人個體」，認為他們缺乏集體聯繫的紐帶，要為自己的行為負責。到目前為止，農民工與工廠之間的聯繫多是短期的、以合同為基礎的，勞動的異化主要不僅是來自於勞動同產品所有權的分離、勞動者生產技能的缺乏，更甚者，宿舍勞動體制讓農民工與自己的過去相異化，他們告別了傳統的農村，來到了異地的工廠，面對着不熟悉的他者、聽不懂的語言、吃不慣的食物和首次接觸的生產方式和產品（Smith and Pun 2006），因而農民工的異化感同時來自於生產和再生產兩個領域。如果說青年馬克思強調的是資本主義生產關係中的異化，我們可加以補充：宿舍勞動體制通過進一步切斷了農民工與家庭、村莊、集體之間的紐帶，在再生產領域造成了雙重異化。

　　因此，大批農民工在很多方面被隱性地邊緣化了，他們形成了不穩定的（precarious）工人階級。因為在城市裏沒有居留權，所以農民工找工作的首要條件就是提供住宿。雖然戶籍管理制度有所鬆動，農民工的工資依然不足以支付他們的城市生活成本，農民工很難在城市中生活下去，這進一步拉大了階級之間的差異。宿舍勞動體制是戶口制度的一種特殊表現形式，通過將工作空間和宿舍合二為一，對農民工進行控制。在新興

工業區，宿舍勞動體制成功地抑制了農民工工資的增長，延長了他們的勞動時間。

在過去的二三十年中，中國就是這樣保持廉價勞動力的比較優勢，實現經濟快速發展的。以富士康為例：2010 年 5 月，富士康位於深圳的兩個工廠共有生產工人 45 萬人，這一數字佔富士康大陸勞動力總數的一半以上，工人每週工作 40 個小時，卻只有 900 元的工資。這種溫飽等級的工資是無法滿足工人的需求的，工人被迫加班，每月累計加班 100 個小時，是《勞動法》（第 41 條）中規定加班上限 36 個小時的三倍。總的來說，中國製造業工人的工資只有美國的百分之一，即使跟經濟起飛初期的日本、韓國和台灣相比，中國工人的工資仍然很低（Hung 2009）。

除了縮減勞動成本，宿舍勞動體制也影響了外企和私企的管理體系。通過宿舍勞動體制，公司對勞動力實行嚴格的控制。通過規定工人必須住在宿舍，根據生產需要增加工作時間，公司實現了對勞動時間的彈性利用。與政府規定工作時間和工人自行決定工作時間相比，彈性工作時間更有利於僱主響應產品要求。正如馬克思在《資本論》第一卷中指出的那樣，工作日長度可以在社會和身體能夠接受的限度內進行調整（1990 [1867]），通過宿舍，僱主可以對「社會」限度在很大程度上進行操控。跟一般工作所導致的「正常」工作與家庭分離

相比，宿舍勞動體制對工人的工作時間和業餘時間施加了更廣泛的控制。[2]

小結

我們永遠不會否認資本在影響全球資本主義版圖和當代危機方面的重要性；但是我們希望「勞動」和「階級」分析能夠回歸，能夠以第三世界的視角回到全球資本主義空間政治的中心。中國形成了二億多農民工的新工人階級，在塑造全球經濟方面扮演了重要的角色，為審視當代全球資本主義的空間性提供了寶貴的非西方視角。通過深入探尋作為新生產空間政治的宿舍勞動體制，我們發現，在資本積累和跨國生產全球化的驅動下，宿舍勞動體制為中國崛起成為世界工廠奠定了基礎。有趣的是，我們看到了泰勒制和福特主義（大規模生產線、大眾政治組織的出現和福利國家的干預）與各種形式的彈性積累（彈性生產、臨時工、國家退出而導致的去管制化和私有化）的完美結合。泰勒制或者彈性生產範式，這些都不足以解釋中國生產的多重空間性。在珠江三角洲，成千上萬的只有一兩千僱員的外資企業被認定為中、小型企業。在服裝業、製鞋

2　在社會主義時期，企業被稱為「單位」，為工人提供終身住宿。關於工人福利，單位不會延長工人的工作時間。

業、玩具業和電子製造業，每天有上萬人在大型生產線前進行着密集生產，這樣的情景已成常態。在長江三角洲，僱員超過一萬、一萬五千人的工廠比比皆是，而且這些工廠不是獨立存在的，每家工廠背後都跟着一大批只有一兩名勞動者的家庭作坊。將各種各樣的靈活生產體制與傳統泰勒制相結合的高度複雜的生產方式，是由宿舍勞動體制所主導。

因此，當下出現的是這樣的跨國生產的政治經濟：它不僅跟新的經濟的規模緊密相連，還跟新的規模的經濟有關，在這種政治經濟中，為實現全球範圍內的資本積累，被多重空間化的勞動力受到了無所不用其極的操縱（Pun and Smith 2007）。在這種空間佈局下，中國宿舍勞動體制顯得十分突出，這種資本策略是效率最高的、最具主導性的，與全球即時生產配合得天衣無縫。如今，通過要求供應商提供「即時」產品，蘋果、迪斯尼、三星等公司終於實現了零售「零庫存」。宿舍勞動體制可在生產中將工作空間和生活空間合二為一，有助於公司實行彈性工作制，強迫工人加班，從長遠來看，這是工廠在適應不斷變化的全球商業慣例。如此看來，宿舍勞動體制的基本特徵包括：工作和居住高度結合，生產和日常的社會再生產為了全球資本使用而重組，勞動力的日常再生產完全被外企或私企所操控。

總之，形式多樣的宿舍勞動體制，維持了快速流動的勞動力數量以及未能完成的無產階級化進程，這影響了中國新工人

階級的形成。但畢竟，宿舍勞動體制為新工人階級奠定了結構性的基礎，這是解釋當代中國的新工人階級政治的處於轉變中的空間政治。

　　由此看來，新農民工階級發起的豐富的、異質性的、多場所的抗爭，再也不能以官方說法中的「階級鬥爭」來進行描述或政治化論述了，因為階級主體感受着、理解着、回應着、籌劃着他們在當代中國的生活軌跡。當然這並不意味着階級分析因為階級語言在追求「全球化」的中國的國家和資本的霸權話語中被稀釋，而變得過時了。階級分析作為一種社會抗爭的武器，只能通過植根於來自底層的階級經歷而被重新激活，並發揮作用。來自底層的階級經歷就是宿舍勞動體制下的日常微觀政治，在這種體制中，中國工人同資本主義和市場進行抗爭。中國新工人主體不得不在實體空間中，去體驗自己的階級經歷，並將其變成生活鬥爭的一部分。在宿舍裏，工人們可以面對面地交流煩惱，交流對未來有限發展的感受，分享憤怒和沮喪，籌劃有組織的行動，這一切都讓工人對抗抽象資本成為可能。生產空間和再生產空間相互靠近，這種情況配置了新工人主體，雖然過程困難重重。在全球資本主義和中國現代性進程的十字路口，新工人主體出現了。他們的出現引發了人們在工人宿舍空間回歸「階級分析」的渴望，因為工廠集體宿舍正是工人感受自身複雜性和生活中種種矛盾的地方。

第六章

中國壟斷資本：
富士康和中國工人

引子

　　2010 年在大陸，十八位年輕的富士康工人跳樓自殺了，其中十四人最終不幸地失去了生命，其餘四人身受重傷（SACOM 2010, 2011）。[1] 這十八位自殺者的年齡在十七到二十五歲之間，正值花樣年華。中國媒體將這齣悲劇稱為「連環跳」（Pun and Chan 2012）。本章將探尋全球工業資本主義中壟斷資本的新發展，及其對中國工廠體系和工人生活的影響。本章還將解釋中國政府如何為壟斷資本的生產擴張提供便利，以及資本如何趁機實現了大量資本的快速集中和集中化（centralization）（Braverman 1998）。

　　跟其他公司相比，富士康的資本聚集速度和聚集規模是無與倫比的，所以富士康成了資本集中和集中化的最好體現。作為世界上最大的電子工廠，富士康在全球三十多個國家兼併了一大批工廠，快速擴大了生產規模和業務範圍。富士康的發展速度是史無前例、無與倫比的。目前，富士康帝國共有員工一百四十萬，是蘋果和很多其他品牌的獨家製造商。在誘惑下，中國工人來到了全球五百強的富士康，承受着巨大的壓

1　見「大學師生監察無良企業行動」調查報告《工人異化成機器：富士康的軍事化管理》（2010 年 10 月 13 日）和《富士康與蘋果毀諾：工人連環跳困境依然》（2011 年 5 月 6 日）。見 http:www.sacom.hk。

力，為壟斷資本工作。但是長此以往，壓力滋生了絕望，而絕望一方面可能導致自殺，一方面可能誘發日常的集體抵抗。

現有的大多數文獻認為，中國的崛起是一種由國家主導的全球化過程，中國的發展主要依賴合資資本和外資資本，由出口帶動增長（Huang 2003; 2008; Guthrie 2012）。在過去幾十年中，中國極其依賴外國直接投資，這種依賴比東亞各國在工業起飛期的依賴還要極端。中國的發展帶來了經濟的飛速增長，但也加劇了勞動、社會不平等和環境的惡化（Davis and Wang eds. 2009; Solinger 2009; Perry and Selden 2010）。在中國，農民工的無產階級化過程是獨特的，在此過程中降低的不僅僅是資本的生產成本，還有農民工在城市的社會再生產成本。跟其他外資公司類似，在國家主導的全球化進程和農民工獨特的無產階級化過程中，富士康受益匪淺，具體表現在富士康於八十年代末決定將生產基地從台灣遷往大陸，以享受地方政府提供的政策便利，降低生產成本和勞動成本。富士康還利用了中國的城鄉二元分裂和性別、階級差異，而這些正是消費時代農民工夢想和追求的組成要素。

自 2010 年起，富士康蘋果代工工人自殺的消息不斷傳來，震驚了整個世界。自殺潮和之後的工人抗爭引發了我們的強烈關注。2010 年 6 月，我們開始跟來自於大陸、香港、台灣二十多所高校的師生進行合作，對富士康的勞動管理和工廠運行進行調查。五年多來，來自於北京大學、清華大學、台灣國

立大學、台灣清華大學、香港中文大學、香港科技大學和其他大學的研究者們，在深圳、武漢、昆山、上海、鄭州、成都、重慶、太原和廊坊等地進行了深入的田野調查。這可能是「兩岸三地」多所高校的社會學者們第一次走到一起，進行聯合研究。通過富士康這一棱鏡，通過研究全球經濟中富士康與蘋果公司之間的聯繫，我們共同關注了中國新工人階級的生活和抗爭。在富士康深圳、鄭州、成都和重慶分廠，我們對三千人進行了調查，受調查者的平均年齡為 21.1 歲，最年輕的只是 15 歲。為了對結構化的問卷調查進行補充，我們還記錄了工人們的口述內容，進行了田野觀察，以展示富士康年輕工人的日常工作和生活。我們最關注的是富士康的管理模式，及其對工人生活的影響。

在這樣的背景下，本章以富士康工人歐陽的故事作為引入。歐陽是一個努力工作的女孩，她渴望得到一部 iPhone 手機。當全球消費者在琳琅滿目的電子產品前眼花繚亂時，這些產品的中國生產者也渴望像西方人那樣隨心所欲地購物。採訪那年歐陽才十九歲，她跟我們聊起了未來。她一邊想一邊說：「有一天，我要開着全新的本田，衣著光鮮地回家。」這是歐陽的遠期理想，現在她渴望得到一部 iPhone 手機，為了實現這一夢想，她竭盡全力努力工作。

歐陽生於湖北的一個「傳統村莊」。對於村裏的各家各戶來說，生男孩是頭等大事。有了男孩，全家才抬得起頭；沒

有男孩，全家都會遭到嘲笑，甚至飽受欺凌。當年歐陽的媽媽再度懷孕時，全家都充滿了期待；但當發現生下的是女兒後，全家人都失望了。爸爸整天生悶氣，奶奶因為抱孫子的願望落空，甚至拒絕給剛出生的小孫女起名。後來，歐陽媽媽又生了兩個女兒，喜得貴子的願望被擊得粉碎。

> 媽媽年輕的時候非常漂亮，所以爸爸娶了她。剛結婚那會，爸爸凡事都聽媽媽的。但是生了四個女兒後，媽媽在家裏就沒地位了。爸爸掌控了全家，在家裏爸爸說了算。後來爸爸對媽媽很不好，甚至經常打她。

歐陽因此形成了一種很強的叛逆性格。她說：「我要讓全村的人都知道，我們家的女孩有多優秀！」歐陽對獨立和自由的渴望，集中體現在她買部 iPhone 手機的夢想上。能來富士康工作，在歐陽看來是離美夢成真又近了一步。

中學畢業後，歐陽本希望能進入武漢的職業學校學習攝影，但是父母不同意，因為家裏沒錢。那時父親雖然做着建材生意，但是賺的並不多。四個姐妹同時上學，給全家帶來了巨大的財政負擔。每當歐陽想跟父母要錢時，就會感到羞愧，「就好像欠父母的一樣」。

一怒之下，歐陽決定獨立，於是離家出走來到城市打工。那時的她稚氣未消，背着一個大書包，就出現在上海一家服裝廠的門前。因為一個表親也在這裏工作，歐陽便留了下來。她

先從學徒幹起，前三個月的月工資只有四百元。那是 2008 年
夏天的事。

　　歐陽在服裝廠工作了一年。她說：「我每天都在生產線和
宿舍、工廠、食堂這三點之間來回，生活單純簡單。」終於有
一天，歐陽感到了厭煩。她覺得這裏的生活，「除了窗外的四
季，剩下的啥都不變」。

　　但是就好像不滿之情已經深入骨髓，歐陽開始渴望改變自
己的生活。她離開了服裝廠，來到了昆山富士康。剛來的時候
歐陽穿著低腰及膝裙，她的這身裝扮比其他大多數工人都要時
髦。歐陽通過跳槽，努力提高自己的收入和技能。

　　歐陽打算將來在武漢定居，一旦住下來，第一件事就是把
媽媽接過來：

> 　　我們可以早上六點起床，手拉手去公園散步，七八
> 點再回來吃早飯，吃完飯便坐在搖椅上，扇着扇子，聊
> 着天。晚上我們可以吃西瓜，看電視。媽媽說過，只要
> 過上幾天這樣的日子就知足了。媽媽只有兩個願望，一
> 個是像這樣悠閒地生活，一個就是去北京天安門廣場看
> 升旗儀式。我不覺得這有多難。我會幫媽媽實現夢想的。

　　跟很多其他工人一樣，歐陽的夢想就是讓全家人過上好日
子，回家時兜裏能揣着一部 iPhone 手機。為了實現這些夢想，
歐陽不得不把自己交給富士康，而在過去的二十年中，富士康

就這樣榨取了千千萬萬工人的勞動力，他們跟歐陽一樣有着自己的夢想。歐陽的經歷是富士康在大陸發展的縮影。富士康在勞動力大小、廠區規模、工廠數量等方面步入了資本擴張的新階段。[2] 富士康在大陸擁有一百多萬勞動力，並已成為世界級的巨型工廠，富士康每個廠區的工人數量都十分巨大，從十萬人到四十萬人不等。富士康已經成了一種壟斷資本，並通過生產全球 50% 的電子產品主導整個市場。

富士康：世界電子工廠

如果説「鴻海精密工業股份有限公司」這個名字聽起來還有些陌生的話，讀者對它的另外一個名字「富士康」肯定耳熟能詳。富士康 1974 年在台北成立，英文名「Foxconn」暗示公司生產能像狐狸一樣敏捷。目前，富士康是全球最大的電子產品合約製造商，主要負責 6C 產品的製造，包括電腦（筆記本、台式機、平板電腦等），通訊設備（iPhone 手機），消費

---

2 本章引用了「高校師生關注富士康調研組」（現稱「新生代調研組」）的部分材料和發現。「高校師生關注富士康調研組」是一個由多名大陸、香港、台灣高校師生組成的獨立團隊，持續關注富士康及其對新一代農民工生活的影響。2010 年至 2012 年，調研組對富士康在十一座城市的分廠進行了場外調查和民族志研究，這十一座城市包括：深圳、武漢、昆山、上海、杭州、南京、天津、廊坊、太原、成都和重慶。

產品（數碼音樂播放器、相機、遊戲機、電視），汽車周邊（車
載電子設備），閱讀器（例如 Kindle 之類的電子書閱讀器）和
保健產品。[3] 富士康 2010 年達到全盛期，年收益高達 29,972 億
元新台幣（約 952 億美元），較上一年增長了 53%。[4]

　　富士康成長為全球電子製造行業的領軍企業，是經歷了三
個階段。第一階段是在改革開放初期，響應大陸的沿海發展政
策，向內地進軍。深圳經濟特區毗鄰香港，從 1980 年開始這
裏就對西方和亞洲資本投資敞開了大門。當地政府為海外投資
提供了一系列優惠政策，包括免稅、低廉的土地成本和出口快
速線性審批等。1988 年，富士康在深圳開設了第一個離岸工
廠，僱用了來自廣東農村的 150 名農民工，其中 100 人為女
工。[5] 當時，深圳分廠採用了生產與住宿一體化的解決方案，大
樓一樓是食堂，二樓至五樓是生產區，六樓是工人集體宿舍。
與之形成鮮明對比的是，台灣外派人員住在小鎮上租來的公寓
裏。早期富士康的中層和高層管理主要由台灣人把控。

　　到了九十年代，富士康擴張進入了第二階段。就在富士康
需要更多人力的時候，內地提供了大量農民工，富士康獲得了
大量廉價勞動力，並因此受益匪淺。在這一階段，富士康需要

3　見富士康科技集團全球佈局 http://www.foxconn.com.cn/GlobalDistribution.html。
4　見富士康科技集團 2011 年發佈的《2010 年社會與環境責任年度報告書》。
5　見富士康科技集團 2009 年發佈的《2008 年社會與環境責任年度報告書》。

專業化的勞動力和多樣化的生產線，並在中低管理層僱用了更多經驗豐富的大陸人。2000 年之前，富士康就在珠江三角洲和長江三角洲鞏固了自己的生產集群。兩地的政府，比如深圳、上海和昆山政府，為富士康提供了優惠的稅收政策、廉價的土地、完備的工業基礎設施和大量的勞動力（Hsing 1998）。

　　在擴張的第三階段，富士康通過在全國合併工廠和進行改遷，成功實現了資本壟斷。從世紀初開始，富士康就着手利用中國北部、中部和西部廉價的勞動力和基礎設施。早在 2002 年，富士康總裁郭台銘就被《商業週刊》稱為「外包之王」（Culpan 2012），那時富士康的行業排名仍位居旭電和偉創力之後。2008 年 12 月，富士康實現了全球銷售收入 618 億美元。[6] 隨着金融危機後全球經濟開始復蘇，消費者對電子產品的需求也開始不斷提高。在 2014 年世界 500 強企業排行榜上，富士康從去年的第 60 位一躍升至第 30 位，收入實現了60.5% 的驚人增長，達到了 1,320 億美元這一歷史新高。[7] 從原材料萃取到總裝，富士康對整條生產鏈進行了整合，以減少市場的不確定性，提高成本效率和時間效率。通過兼併、收購和同多家企業形成戰略合作夥伴關係，富士康開始自己製造某些

6　見富士康科技集團 2009 年發佈的《2008 年社會與環境責任年度報告書》。

7　富士康科技集團（2010: 5; 2011: 4; 2012: 3; 2013: 4, 12; 2014: 3）；全球五百強（2010‑2014）。

零部件，以縮短下游供應鏈的長度。富士康發言人阿瑟·黃（Arthur Huang）向我們解釋了公司降低成本的方法：[8]

> 我們要麼將零部件外包給其他供應商，要麼自己研究製造。我們甚至跟工廠附近的礦場簽訂了合同。

富士康臣服於資本主義生產的鐵律，在市場上同他人展開競爭，新業務爭奪戰日趨激烈。富士康製造台式電腦、筆記本電腦和平板電腦，得跟其他台灣製造商競爭才能獲取訂單，其競爭對手包括廣達電腦、仁寶電子和緯創資通。為了保住從三星電子、惠普、索尼、蘋果、微軟、戴爾和諾基亞那裏獲得的生產訂單，富士康擴大了自己的產品名錄，進行了技術升級，以開發更多的客戶（Hurtgen et al. 2013）。到了 2011 年下半年，在全球電子製造服務市場中，富士康的市場佔有率已經超過了 50%。[9]

富士康的商業總裁說：「二十年內全球只會剩下兩家公司 —— 富士康和沃爾瑪，前者負責製造，後者負責銷售。」[10]

8　引自《紐約時報》2010 年 6 月 6 日題為 "iPhone supply chain highlights rising costs in China" 的報道。

9　見 iSuppli 公司 2010 年 7 月 27 日發佈的研究報告 "Foxconn rides partnership with Apple to take 50 percent of EMS [electronic manufacturing services] market in 2011"。

10　見《商業週刊》2010 年 12 月 9 日 "A look inside Foxconn — where iPhones are made: a postmodern Chinese industrial empire that was blighted by suicides" 的報道。

這種說法雖有些誇張，但也不無道理，富士康在大陸和全球經濟中確實實現了驚人的業務增長。事實上，對於富士康來說，大陸在地緣政治方面具有重要意義。富士康在大陸的製造工人總數超過百萬，比富士康在其他地區勞動力的總和還要多。[11] 富士康在大陸的運營也從生產領域擴展到了零售領域。[12]

我們的採訪數據顯示，加急訂單的到來意味着高強度的工作，後者不斷挑戰着工人的生理和心理極限，導致工人自殺或進行個人或集體性的反抗。在下一節，我們將分析富士康在它與中國的國家戰略 —— 財富積累和更為平衡的沿海－內地發展 —— 的關係中，所佔據的主導地位。國家政策上的變化塑造了新一代農民工的打工生活。

中國政府和地方積累

作為著名的電子產品合約製造商，富士康的成功是中國成為世界工廠和世界第二大經濟體的保障。五十年代至七十年代

---

11 富士康科技集團在全球擁有多家製造工廠和研發中心，包括台灣、大陸、日本、韓國、澳大利亞、新西蘭、中東、南亞、東南亞、俄羅斯、歐洲和美洲。

12 富士康在大城市裏擁有多家連鎖商店（比如萬馬奔騰、萬得城和賽博數碼廣場），正在進入不斷擴大的國內消費市場。大陸市場 2011 年預計將達到 10%，其增長速度快於美國和歐洲市場。

末，中國處於國家社會主義階段，政府着重發展重工業，而在此基礎上進行的市場改革，則側重發展輕工業和服務業。九十年代至今，雖然不同的地方有不同的政策，但亞洲外商投資和國內的企業普遍能得到政府的經濟支持，通過出口成為西方跨國科技公司的供應商（Leng 2005; Hung 2009; Appelbaum 2011）。

改革開放後，中國國民經濟的重心從重工業轉移到輕工業，中國逐漸告別了終身就業制和高福利體制，開始愈來愈依賴外國投資和私人投資，並且在輕工業大規模使用農民工，結果勞動成本被大幅壓低，勞動保護工作受到嚴重挫折。進入「後社會主義」時期，政府進一步控制了工人的自我組織，進而也控制了工人的薪水，這帶來了低成本出口的競爭優勢（Pringle 2013）。經過數十年的輕工業化發展，亞洲四小龍的製造業工資從 1975 年的相當於美國工資的 8%，上升到了九十年代的 30%；相比之下，從 1980 年到 2005 年，中國製造業的工資仍然只相當於美國的 2% 到 3%（Hung 2008: 162）。儘管從 2005 年開始，政府採取了重要措施來提高最低工資標準，社會分層和階級不平等的現象依然愈演愈烈。

隨着壟斷資本的進一步擴張，資本在垂直方向上的集中導致了生產在水平方向上的空間擴張。隨着生產成本不斷上漲，通貨膨脹不斷加劇，沿海地區勞動力短缺，中央政府不斷出台政策開放內陸，富士康沿海工廠開始向內陸遷移。國務院正式

批覆《成渝經濟區區域規劃》（「成渝」即成都和重慶），以連接成都和重慶，進一步推動西部經濟發展。有了中央政府的支持和鼓勵，地方政府一方面通過建設商業友好型社會，來促進出口導向型經濟發展；另一方面通過增加地方就業，來扭轉由來已久的勞動力外遷被動局面。同時，更多的年輕工人和已婚農民工則抓住了家鄉的工作機會，不再去遙遠的地方打工。根據 2013 年的政府數據，雖然東部仍是農民工的打工首選地，因為這裏的工資更高，但是中西部已經縮小了同東部之間的差距：東部地區的農民工總數達到了 4,936 萬，中部地區 6,424 萬，西部地區 5,250 萬人。[13] 儘管重慶富士康和成都富士康開始在當地進行招聘，但是大多數「當地工人」得坐幾個小時的車才能趕到車間，這意味着即使到了週末，他們也不能常回家。

　　總之，跟很多其他投資者一樣，富士康積極內遷，前往中西部地區建設新的生產基地，以利用內地更低的工資和政府提供的便利條件。富士康在中國大陸擁有三十多個工廠（在有些城市富士康的生產基地甚至不止一個）（見圖 6.1）。

　　內地政府在其管轄的行政區域內，通過提供土地、公路、鐵路、銀行貸款、勞動力資源等優惠政策，同富士康建立了商業夥伴關係。為了推進中央提出的「西部大開發」戰略，推進

---

13 見《2014 年中國統計年鑒》「分地區人口的城鄉構成和出生率、死亡率、自然增長率」部分 http://www.stats.gov.cn/tjsj/ndsj/2014/indexch.htm。

圖 6.1　富士康在大陸、香港、台灣的工廠分佈

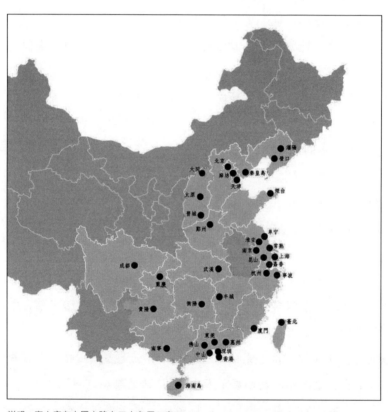

說明：富士康在中國大陸有三十多個工廠
來源：富士康科技集團官方網站

汶川大地震災後重建工作，四川省政府和成都市政府 2009 年 6
月組成了代表團，來到了台灣富士康總部，同郭台銘簽署了合
作備忘錄。政府官員承諾會為更多行業西移提供便利，仿照廣
東和上海構建高效的供應鏈網絡。成都高新技術產業開發區管

委會副主任說：[14]

> 經過了五年的談判，我們終於得到了郭台銘的投資。成都從眾多競爭者中脫穎而出並非易事。

四川政府領導非常重視富士康成都園區的建設，將其稱之為「四川省一號工程」。富士康二十億美元的投資額創下了四川省接受投資的歷史之最。2010 年夏天，德源鎮對十四個村莊進行了拆遷，來為十五平方千米總規劃面積的富士康綜合園區騰出地方（富士康成都園區的面積是富士康深圳龍華園區面積的五倍）。我們在 2011 年 3 月和 2013 年夏天兩次來到成都富士康進行實地考察，發現鎮政府和村政府竟為富士康提供免費的招聘服務。一位四川工人給出了生動的描述：

> 富士康一招工，全市都瘋了。當地官員抓住人便問來不來富士康上班。地方政府還把招聘當成了一種任務。各級政府都有自己的招工配額。這不是瘋了嗎？

例如，在紅光和郫筒的鎮政府辦公樓裏，人力資源部的負責人直接幫助到訪的應聘者安排富士康面試。政府從成都富士康 2010 年第三季度投入生產時就開始提供招聘服務了，這極

---

14 見中國網 2010 年 10 月 28 日文章 "China must strengthen its trade regime"（http://www.china.org.cn/opinion/2010-10/28/content_21221326.htm）。

大地降低了富士康的招聘成本。

　　而且，四川政府還為富士康免去了「相當」一部分的租金和稅款。位於成都出口加工區的富士康「北區」是在以前園區的基礎上翻修的，而位於成都高新技術產業開發區內的富士康「南區」則仍在建設中，政府向富士康收取的租金「遠遠低於市場平均水平」。怪不得富士康總裁郭台銘對政府的合作大加讚揚：[15]

　　　　四川政府高效地啟動了項目，給我留下了深刻的印
　　象⋯⋯富士康將在成都追加投資，讓成都園區成為全球
　　重要的富士康生產基地。

　　我們在武漢、成都、重慶、深圳、昆山、廊坊和太原調查時發現，職業學校竟然向富士康「派遣」學生實習，並由當地政府的教育部門從中接洽（Pun and Koo 2014; Pun, Chan and Selden forthcoming）。參加過富士康面試的學生們向我們透露，教育部門和政府工作人員「要求」學校安排學生到富士康實習。根據《教育法》的規定，學生在參加學校實習期間依然保持學生身份，因此實習生不受《勞動法》的保護，因為他們跟實習單位不構成僱傭關係。正因為學生不是《勞動法》的適

------

15 見《成都日報》「英語週刊」2011 年 1 月 2 日文章 "Chengdu factory's iPad capacity to reach 100 million units in 2013"。

用對象，學生和實習單位之間的矛盾不屬於勞動爭議仲裁的受理範圍。在校學生因為不是法律意義上的勞動者，所以沒有加入工會的資格（Perlin 2011）。

我們發現，由學校組織集體前來富士康進行實習的學生工，已經成為富士康各地工廠中的一個龐大的勞動群體。在我們接觸的實習生中，大多數是在校二年級或三年級的學生，年齡在十六歲到十八歲之間。根據《中等職業學校學生實習管理辦法》的規定，實習單位不得安排學生每天頂崗實習超過八小時。但是在富士康，實習生經常需要超時加班。學生們對此怨聲載道：

> 我覺得專業學習一點用都沒有；在這裏一點都用不上。
>
> 不管你學的是什麼專業，富士康需要什麼你就得做什麼，工作跟你在學校裏學的一點關係都沒有。
>
> 我們在富士康學不到任何技能，每天只是在不斷地重複一到兩個簡單的動作，就像機器人一樣。

「學生實習」實際上是「學生勞動力」的一種形式，有助於富士康在生產高峰季，通過支付低於最低工資標準的工資，提高產量和利潤。富士康利用了無需跟學生工簽訂正式勞動合同的法律漏洞，大規模使用學生工。因為學生工跟農民工不同，所以富士康無需為學生工繳納社保（因為學生不是勞動法律法

規的保護對象），勞動成本進一步降低。就這樣，富士康通過採用嚴格控制工人、對學生進行超級剝削為特徵的勞動體制，實現了資本的快速積累。

　　總之我們認為，富士康的主導和壟斷地位，就大處來説，是在改革開放加速社會主義經濟體系解體的背景下實現的；就具體來説，是通過近些年來地方政府和壟斷資本不斷深化的合作而實現的。為了促進區域經濟增長，地方政府之間展開了激烈的競爭，競相為技術巨頭公司提供有利可圖的資源，吸引富士康到地方建立生產基地。富士康巨大的電子製造網絡，在中國大陸快速擴張。在「富士康帝國」的內部，管理層建立了一種高度集中化、科層化的生產體系，來組織勞動。在這一體系中，勞動力只能屈從於全景式的規訓，結果便導致了工人自殺和反抗。

富士康「帝國」裏的農民工

　　我們對壟斷資本生產的工場，和富士康「統治」百萬勞動力的手段，抱有極大的興趣。工人們常將富士康稱為「帝國」，這裏存在着一種獨特的宿舍工廠體制，整合了生產和再生產領域。富士康最大的製造園區在深圳龍華，這裏在 2010 年和 2011 年的時候約有工人四十萬人，如今因為工廠內遷和向內陸擴張，這一數字已經降到了不足二十萬。在這個 2.3 平方千

米的工業園中，各種設施應有盡有：工廠、倉庫、十二層的宿舍樓、心理診所、員工關愛中心、銀行、兩個醫院、圖書館、郵局、一個擁有兩輛救火車的消防隊、專用電視網絡、教育中心、書店、足球場、籃球場、田徑運動場、游泳館、網吧、超市、多家飯館和餐廳、婚紗店。主園區被分成了十個區域，配有頂級的生產設施，提供「最好的」生活環境。對於消費者、中央政府、地方政府、媒體來訪人員和其他檢查團來說，富士康龍華園區是模範廠區。同在深圳的富士康觀瀾園區有十萬工人，卻沒有龍華園區的「額外」設施，只包含工廠和高層宿舍樓，可是這些才是外資公司裏的常見配置。

在富士康，生產線由相應的部門集中管理，後者直接對事業處、事業部、事業群負責（見圖6.2）。現在，富士康共有十五個事業群，負責不同產品的生產和／或面對不同的公司客戶。

富士康通過在「速度、質量、工程服務、效率和附加值」等方面與同行展開競爭，追求盈利的最大化。富士康建立了十二級的管理體系，嚴格地劃分了每一等級的控管範圍。這十二級形成了一個金字塔。在車間體系中，一線工人受到多層管理，包括副線長、線長、組長和課長（見表6.3）。富士康採用三層激勵機制：對上層決策領導的忠心、奉獻和資歷，以分紅和工作任期作為獎勵；對中層管理和監督人員，以住房和金錢進行補貼；對下層普通員工，卻很少進行工資和福利獎勵。

富士康在勞動過程中採用了科層化的管理模式。勞動分工

圖 6.2　富士康生產組織圖

1　● 富士康集團
2　● 事業群 *
3　● 事業部
4　● 事業處
5　● 部門
6　● 生產流水線

* 目前，富士康有十五個事業群。
來源：富士康科技集團（2010 年）。

圖 6.3　富士康管理層級圖

總裁
副總裁
總經理
副總經理
協理
經理
副理
課長
組長
線長
副線長
員工和實習生

來源：富士康科技集團（2010 年）。

如此細緻，以至於工人將自己看成是「機器上的一個齒輪」。高層領導負責制定策略和標準，下層員工按規執行，以最低的成本實現最高的效率。其實，富士康的生產操作人員不需要「技能」，不需要思考；只需嚴格執行上級指令、機械地重複要求的動作就行了。

企業文化

富士康的創辦人和總裁郭台銘曾經說過：「不管高科技還是低科技，會賺錢的就是好科技。」這句話來自於《郭語錄》，一本公司經理需要閱讀和背誦的書。這一務實的格言跟鄧小平「黑貓、白貓，抓住老鼠就是好貓」的名言有着驚人的相似。在富士康中，每當員工參加升職考試時，都會遇到一些要求默寫「郭語錄」的考題。例如：

> 逆境才是真正學習成長的機會
> 成長，你的名字就叫痛苦
> 走出實驗室，就沒有高科技，只有執行的紀律。

「非公莫入」，富士康的每座工廠和每棟宿舍樓都設有安檢，二十四小時有人站崗。工人必須通過多扇電子門和檢查系統，才能進入工作場所。工人們不斷表示，這套准入系統讓他們感覺好像完全失去了自由：

> 我們不准將包括手機在內的任何金屬物品帶入車間，否則就會被沒收。如果戴着項鍊或衣服上有金屬扣，就必須拿掉，否則不許進入車間。他們〔安全人員〕有時甚至會直接把金屬扣剪掉。

在生產線開始工作前，工人們需要進行準備活動。管理人員會問：「過得怎麼樣？」工人們必須齊聲回答：「好！非常好！非常非常好！」據說這種軍訓式的練習能將工人訓練成順從的勞動者。生產配額和質量標準從上至下地傳到金字塔的最底層，傳到一線生產工人那裏。

工人們回憶當他們在生產線上說話、趕不上工作節奏或是在工序中出錯時，受到過怎樣的懲罰。幾位負責在 MP3 數碼音頻播放器上安裝揚聲器的女工說：

> 下班之後，一百多號人都被留了下來。這種事情一旦發生，就說明有人要受到懲罰了。他們叫出了一個女孩，命令女孩立正，然後大聲地讀出一份自我檢討。她必須大聲讀，確保在場的每個人都能聽清。線長會問車間最後一排的工人能否聽清女孩朗讀過程中出現的錯誤。受到懲罰的女孩感到很丟臉。她非常尷尬，哭了起來。她的聲音慢慢地小了下去……然後線長大聲說：「如果一個人丟掉了一分鐘〔沒能跟上工作節奏〕，那麼一百個人浪費了多少時間？」

　　線長身上也有壓力，因此他們嚴格對待工人，以完成生產目標。管理的底線是日產出量，而不是工人的感受。在日常生活中，工人們反過來也會打趣線長，開玩笑說富士康的「人性化管理」其實是「人訓話管理」。一位男性工人激動地說：

> 　　如果富士康有人出了錯，底下的人就要負責。如果出現了問題，就完蛋了，一級跟着一級……上級會將怒火灑向下級，但是底層工人怎麼辦？這就是為什麼富士康一線工人要跳樓。

　　在工作日開始和結束時，經理和課長經常給生產工人訓話。在連續工作十至十二個小時（加了四個小時的班）後，儘管講話內容往往是重複的，工人還是得花十五分鐘到半個小時的時間站在那裏聽完。管理人員通常會對上一班生產目標完成情況進行評估，提醒工人生產中的注意事項，重申工作紀律。工人們心裏很清楚這些電子產品非常昂貴，沒有犯錯的餘地。幾位手機裝配工說：

> 　　他們不斷衝我們大喊大叫。這裏的管理非常嚴格。我們就像被關進了勞動「集中營」，富士康通過「服從，服從，絕對服從」的原則來管理我們。我們必須要犧牲自己的尊嚴來保證生產效率嗎？

　　儘管富士康試圖對生產工人進行全景式的控制，我們還是

發現憤怒的工人會採取各種各樣的方法進行反抗，包括日常反抗和集體反抗，手段包括：偷竊產品、怠工、終止生產、小規模罷工，甚至搞破壞。這些行為嚴重地影響了工廠的生產。在研究中，富士康的工人一再告訴我們，如果他們受不了生產線的管理，就會採取一致行動，放慢生產，讓線長難堪。有一次，因為線長實在太嚴苛了，於是工人們採取了行動，最終通過迫使線長作出改變，贏得了勝利；還有一次，生產訂單一次來得太多了，最終每位工人都停下了手中的活，迫使管理層妥協。總之，儘管富士康宣傳的是和諧，是「相親相愛」，但是在高壓體制下，工廠中還是無可避免地出現了衝突和抵抗。

工資和工作時間

富士康成都新廠門口的紅色條幅上寫着：「心連心，富士康與我共成長」。這句話的意思是，工人和公司同心同德，共求發展。富士康通過宣傳為工人編織了一個勞動致富的夢想，試圖讓工人相信只有辛勤勞動，才能成功、成長。

2014 年 3 月，在富士康深圳工廠，組裝線工人的月（每週四十個小時的正常工時）基本工資為 2,450 元（約 375 美元），跟其他九個富士康園區一樣，組裝線工人的工資呈下降趨勢，下降幅度因地域而有所不同。在我們的採訪中，所有的工人和實習生均「同意」加班，這樣才能賺更多的錢，可達到每月

3,000 至 3,500 元。一般來説，富士康工人的平均工資略高於國家平均工資水平：2013 年，中國 1.66 億農民工的月平均工資（包括加班）僅有 2,609 元。[16] 所以富士康工人抱怨的並不是工資低於法定標準，而是工人工資和高層經理及城裏人之間的巨大差距。

「富士康人」從字面上來看意思是「富裕」、「健康」的人，這對於我們接觸到的「富士康人」來説無疑是一種諷刺。這句話常被工人們拿來打趣，特別是發工資的時候。關於自己微薄的工資，一位二十五歲的工人（已達到適婚年齡）表達了他對未來的擔憂，特別是對成家之後的擔心：

> 我不能再在深圳得過且過了，在這每個月才掙幾千塊錢，如果不結婚的話，我還可以再待幾年，但是一旦結了婚，就得養孩子了，這點錢是真的不夠⋯⋯我們真的很忙，就算你很強還是過的很難。宿舍裏的大多數人都還沒結婚，不過結過婚的人也不會來這兒，這裏的工資實在太低了。

16 見《2010 年中國統計年鑒》「就業人員和職工工資」（http://www.stats.gov.cn/tjsj/ndsj/2010/indexeh.htm）。

生產強度和工作壓力

工人們說，2010 年 6 月富士康曾將基本工資上調至了 1200 元。但是工資上調後，生產量和工作強度也明顯增加了。在富士康深圳觀瀾園區，一群負責手機外殼加工的年輕工人們說：

> 生產量原來是每天 5120 件，但是近幾個月這一數字被上調了 20%，達到了 6400 件。我們被完全透支了。

在富士康最大的廠區龍華園區，2010 年 9 月的生產旺季，每天生產大約 13.7 萬部 iPhone 手機，每分鐘生產超過 90 部。[17] 富士康的生產管理部門用秒表和工業工程設備來檢測工人的生產能力。如果工人能夠完成第一天的產量排配，那麼第二天排配就會增加，直到達到工人的承受極限為止。昆山工廠的一位工人說：「我們一分鐘都不能停，我們做得比機器還快。」一位年輕女工接着說：

> 連戴手套的時間也會被算在內，我們每天得完成巨

---

17 見《商業週刊》2010 年 12 月 9 日文章 "A look inside Foxconn — where iPhones are made: a postmodern Chinese industrial empire that was blighted by suicides"。

大的工作量，甚至連戴手套的時間也會對工作效率產生影響。在特別忙的時候，我們甚至沒時間去廁所，沒時間吃飯。

雖然富士康規定工人每工作兩小時就有十分鐘的休息時間，但是很多工人說「根本沒法休息」，特別是在裝運期臨近的時候更是如此。一些生產部門規定沒有完成生產排配的話就不允許休息。根據我們採訪的工人，在電鍍、衝壓、金屬處理、噴漆、磨光和表面剖光等部門，熬夜加班是最辛苦的。

富士康的客戶包括世界巨頭蘋果公司、惠普公司、英特爾公司、諾基亞公司等，他們想要代工廠盡可能快地生產電腦和手機，以滿足全球消費者的需求。這些公司為了在價格、質量和運送等方面跟其他公司展開競爭，不斷地給富士康施壓。富士康為了滿足快速生產的要求並在裝運截止日期前完成訂單，只能將工作壓力轉嫁給一線工人。例如，蘋果公司試圖在將 iPhone 6 推向市場的同時，保證 iPhone 5 手機的供應。蘋果公司對代工廠生產力和產品質量的要求，給富士康工人造成了巨大的壓力。各式電子零部件在二十四小時不停運轉的流水線上完成組裝。富士康車間和樓梯間的牆上貼著這樣的海報：

> 重視效率，分分秒秒
> 除非太陽不再升起，否則必須達到目標
> 魔鬼都藏在細節裏

在深圳龍華工廠的組裝線上，一位工人這樣形容他們精確到秒的工作：

> 我從流水線上拿起一片母板，掃描商標，放入防靜電袋，貼上標籤，放回到流水線上。每道工序用時兩秒。十秒就可以完成所有的五道工序。

在富士康，工人要通過競爭才能拿到生產獎金。在車間裏，富士康用 A、B、C、D 和「優秀」五個等級對工作進行評估，以敦促工人加班。工人不得請假，否則獎金就會被扣除。在這種情況下，工人的壓力幾近極限。

每個工人都專攻一道工序。在工作中，他們快速地重複着單調的動作。富士康的兩班工作制和極大的工作強度，很快便帶走了工人對工作的所有新鮮感、成就感和積極性。在生產過程中，工人們始終處於底層，地位甚至比沒有生命的機器還低。一位工人對人與機器之間的關係進行了富有洞見的總結：「人甚至還不如機器，只能被機器耗盡。」工人們都覺得自己的價值被貶低了：「我不過是車間裏的一粒塵土。」這是工人在聽了課長和線長無數次的訓話後，產生的「最新」自我感覺。

工人對勞動過程失去了控制，他們對自己地位的認識是痛苦的：「命運不在我們自己手中，而在上級的手中。」在富士康，裝配工人之間是禁止談論生產線的。富士康深圳觀瀾園區的一位女工說：「如果違反規定，你將會收到一封警告信。」

經理們則用扣分的辦法，來敦促工人努力工作。一位二十二歲的工人解釋道：

> 扣分是用來懲罰犯的小錯的。指甲長了、遲到了、打哈欠、吃東西、坐在地上都要被扣分。有很多注意事項。扣一分就意味着這個月的獎金全沒了。

除了機器的噪音外，車間裏聽不到其他任何聲音，這種現象已成常態。但是在某些組裝線上，工人卻說負責人對工作節奏的控制並不是特別嚴格，在經理不在的時候，線長對工人們也更仁慈一些。到了午夜：

> 在不影響生產的前提下，有時我們也可以說說笑笑；有時睡着了倒在了地上，只要趕快起來繼續工作，是沒人罵我們的。

那些無法承受工作壓力、無法忍受孤獨的人，一般工作幾個月後就辭職了。在對富士康杭州工廠進行調查時，我們認識了一位剛剛辭職的女工，她說：「車間的環境是冷漠的，讓我感到壓抑。如果在富士康繼續工作下去，我可能也會自殺。」

孤獨和碎片化的生活

富士康之所以給工人提供諸如集體宿舍、食堂、服務和娛

樂設施之類的「便利」，是為了將工人的整個生活空間置於工廠的管理之下，為全球即時生產服務。在很大程度上，工人的生活空間只是車間的延伸，日常再生產領域只是生產領域的延伸。就像生產線一樣，工人日常生活的方方面面，從吃喝、睡覺到洗漱，都被安排好了。富士康之所這樣做，並不是為了滿足工人的日常所需，而是為了在最短的時間內、以最低的成本恢復工人的體力，以滿足工廠生產的需要。當生產線從車間延伸到宿舍時，工人的異化感是複雜的。在富士康，工人下班後也無法好好休息。不同崗位甚至不同班次的工人被安排進了同一間宿舍。結果工人因為時間不一致而打擾了彼此的休息。此外，隨機的宿舍分配機制也破壞了工人現有的社會關係網絡，阻礙了工人之間的交流和互動。在這樣孤獨的空間裏，工人們失去了對個人生活和社會生活的控制。

　　富士康的所有園區都採用了工廠與宿舍相結合的模式。富士康深圳工廠有三十三棟宿舍樓，公司又在附近租了一百二十棟宿舍樓，規模十分驚人。富士康正在嘗試將工人從成本更高、更擁擠的深圳遷往其他園區，但是宿舍勞動體制卻繼續保持不變。雖然大多數農民工住在宿舍裏，但是宿舍這個「家」卻沒能讓他們過上正常的生活，他們得跟陌生人住在一起，不能做飯，不能留親友過夜。不管是否已婚，她或他都得睡在一個鋪位那麼大的狹小空間裏。只有拉上了床位上的自製布簾，工人才能擁有自己的私人空間。

　　從勞動控制的角度來看，這種工廠與宿舍相結合的生活環境，意味着生產和勞動再生產在一個自足的、全方位得到控制的地理區域內完成。通過強制超時加班，富士康形成了彈性的工作模式，模糊了「家」和「工作」之間的界線。富士康將工作時間延長至二十四小時一天來滿足全球生產的需要，這意味着肯定存在着對剩餘勞動的絕對剝奪。這樣的社會空間安排加強了廠方對工人的控制，對勞動的控制從工廠車間延伸到了日常生活空間。宿舍勞動體制提供了一種低成本、高效益的生產方案，讓富士康這類公司確保工人下班之後趕緊為下一輪生產做好準備。因此，工人面臨着車間內和車間外的雙重壓力，甚至到了社會生活空間被剝奪的地步。

　　宿舍勞動體制明顯是在孤立工人，阻礙集體行動。工人的老鄉網和朋友圈因此被破壞了，甚至完全破碎了。一位工人敏銳地看到：

> 我們這一批新人有一百二十人。大多數來自湖北的學校；光我們學校就來了二十個。公司將我們分進了不同的組進行培訓。培訓結束後，我被分到了組裝線。我在培訓期間認識的朋友全被分到了不同的部門……我認為公司之所以這樣做是為了防止工人「找麻煩」。

　　結果在富士康，儘管工人大多是十幾、二十幾歲的年輕人，他們的人際關係卻十分薄弱。我們現在開始明白為什麼一

些工人選擇自殺了。

　　田玉是「連環跳」事件中的一名倖存者,她年僅十七歲。2010 年 3 月 17 日,這個無憂無慮、喜歡大笑和鮮花的女孩,卻從深圳龍華園區的宿舍四樓一躍而下。跟那些自殺身亡的年輕人相比,田玉是幸運的,她活了下來。但在某些方面她也是不幸的,因為儘管經過了多次手術,年輕的她依然癱瘓在床,她將在病床上或輪椅上度過餘生。

　　在富士康這座「紫禁城」裏,所有人都有着與田玉類似的經歷:工作,加班,下班後拖着疲憊的身體回到宿舍,睡覺,沒有自由時間,沒有「額外」時間做任何其他事。工作從早上八點開始,到晚上八點結束。田玉在流水線上負責目檢,她經常因為質量不達標、退件和「工作不夠快」而受到線長的責難。在宿舍裏,其餘的七個室友均來自不同的事業群;沒人跟田玉分享工作中遇到的困難。在工作了三十多天後,田玉受不了這種無助的狀態,最終選擇了自殺。她在病房中冷靜地回憶道:

　　　　我是 2010 年 2 月 8 日進入富士康的,要求第二天直接上崗。工作第一天我就遲到了,車間太大,我迷路了,花了很長時間才找到生產線……在工作了一個月後,到了發工資的時候,其他人都拿到了工資卡,我沒拿到。我問線長,線長說我的工資卡在觀瀾廠區〔從龍

華廠區到觀瀾廠區要坐一個小時的公交車〕。我去了觀瀾
廠打聽，但是又被那些人像踢皮球一樣被不同辦公室的
人踢來踢去。沒人想要幫助我。

憤怒又絕望的田玉第二天早上沒去上班，而是選擇了自殺
這種極端的做法。

在多起自殺事件發生後，富士康在所有宿舍加了防護欄。
富士康在宿舍樓梯外安裝了三百萬平方米的安全網絡，防止職
工跳樓。現在，住宿舍就像住進了籠子，在字面上和比喻意義
上皆是如此。

小結

我們可能會說富士康代表了壟斷資本的最新發展形式，它
形成了一個無比巨大的全球工廠，主導着中國新一代農民工的
生活，帶來了前輩未曾經歷過的磨難和苦楚。擁有數百萬員工
的富士康，通過中國推動經濟轉型升級，通過與地方政府深
化商業合作夥伴關係，在市場上佔據了主導地位。富士康通過
與中國政府特別是地方政府結成聯盟，在地理空間上以驚人的
速度進行着資本擴張。為了吸引富士康到地方開辦新廠，促進
區域經濟增長，各地政府展開了激烈的競爭，甚至到了忽視法
律執行和勞動保護的地步。富士康的發展得到了中國政府的資

助，後者提供了大量土地和基礎設施支持，保證了勞動力的供應，幫助富士康形成了獨特的管理模式和全球工廠體制，而正是這種模式和體制為中國工人帶來了悲痛和絕望。

我們強調富士康這種新型跨國資本的出現，生成了一種「逐底競爭」的全球工廠體制，形成了一種極度依賴農民工的壓迫性管理模式。農民工構成了富士康的勞動力，卻被富士康粉碎了希望、夢想和未來。在富士康的圍城中，工廠規訓要求工人不斷提高生產力，而工人為了提高生活水平只能拼命地工作。由於地方政府不能切實落實勞動法律，類似富士康這樣的用人單位才能堂而皇之地忽視超時加班等規定，從而滿足全球即時生產體系的需要。在富士康，「科學」的生產方式和非人性化的管理模式，給工人帶來了巨大的壓力。勞動異化，社會支援缺乏，這些都普遍存在。當這些十幾歲到二十幾歲的年輕農民工身處於「一流」的富士康車間和宿舍時，他們卻更加孤單、焦慮，更有異化感。自殺只是農民工眾多經歷中最極端的表達。資本和勞動之間的衝突在生產和日常再生產的節點上不斷累積，最終導致了大規模勞動控訴和抗爭的爆發。

第七章

中國新工人階級的
激進化和集體行動

　　本章為此書的最後一章，探討了新工人階級的集體行動和潛在的激進化。改革開放三十年來取得的成果之一，就是在全球化的今天將中國變成「世界工廠」，為中國新工人階級的發展創造了前提。在「世界工廠」，宿舍勞動體制中蘊含的生產結構和宰制體制，孕育了一種新的反抗的勞工主體。儘管存在着對階級霸權性話語的壓制，存在着資本的階級對抗，新勞動階級面對國家設下的重重制度障礙，在缺乏社會支援的情況下，依然在為自己階級的形成而鬥爭，途徑包括在車間和宿舍裏展開日常行動、挑戰和反抗。儘管新自由主義打亂了階級的形成，但是新工人階級卻從底層吸取經驗，在逐漸認識到集體行動重要性的同時，投身於集體行動之中。中國南方的農民工為了在自己的生活世界中重構自己的階級，他們從九十年代中期發起的自發罷工在成倍增長（see Chan 2001; Lee 202, 2007; Thireau and Hua 2003）。近幾年，集體行動數量顯著增長，內容包括追討拖欠工資、要求工傷或死亡賠償、對公司施壓上調基本工資和補貼。形式包括法律訴訟，比如狀告分包商和僱主（Chen and Xu 2012），集體行動比如靜坐、罷工甚至自殺（Pun and Lu 2010a; Pun and Lu 2010b）。工人們不僅在法庭上、大街上或政府大樓前挑戰社會權威，還在生產節點上採取行動對抗資本。

　　本章將聚焦農民工的集體行動。農民工是新工人階級的主力軍，在全球資本主義的大背景下，他們試圖通過勞動抗爭來

改變階級的命運。通過研究電子製造業和建築業農民工的集體行動，我們提出了以下幾個問題：第一，工人行動的本質是什麼？集體行動的動員機制是什麼？第二，勞動關係、法律體系等制度安排是如何影響集體對抗的？第三，這些集體行動屬於階級行動嗎？特別是當集體行動通過人權和法律權利話語進行表達的時候？法律行動（一般屬於公民社會領域）和集體抵抗（一般屬於由生產關係導致的階級矛盾領域）之間的關係是什麼？總之我們想問，工人如何通過參加集體行動培養階級意識？最重要的是，工人如何通過激進化過程來認識自己的抗爭？

中國的勞工行動主義

據統計，目前在城市和工業區打工的農民工已經突破 2.7 億人，人數還在逐年增長。在第三世界資本積累的語境下，中國成為全球生產中心，塑造、再塑造着中國的新工人階級。改革時代，隨着跨國資本不斷湧入、私有資本完成重構，階級分化、階級矛盾和階級兩極化愈加明顯（So 2003）。從屬階級缺乏文化資本和制度途徑來表達自己的不滿，他們只能通過群眾抗議來表達不滿、反抗壓迫。在經濟改革的過程中，鄧小平及其追隨者曾試圖通過用法律和制度代替階級鬥爭將統治合法化，搭建一個通過法律途徑解決爭端的競技場（Gallagher

2006: Gallagher and Dong 2011）。2008 年至今，中國通過了多部法律法規，這些法律不僅在勞動糾紛仲裁委員會和法庭上接受了檢驗，還通過了工人勝利的考驗，據説有助於提高工人對勞動權利的認識。

官方數據顯示，從 1993 年到 2005 年，集體抗議事件的數量從每年 1 萬起上升至 8.7 萬起，年均增長 20%。參加抗議的人數從 73 萬增至 300 多萬，其中 75% 的抗議是由工人和農民自發組織的（Leung and Pun 2009）。據觀察，集體抗議不僅在數量上有所增長，在平均規模、社會範圍、組織程度上也有所提高。這一趨勢從世紀初一直延續至今，這説明隨着私營經濟的發展，侵權事件也愈來愈多。2008 年經濟危機期間，勞動侵權案件井噴，達到了 693,465 件，涉及工人 1,200 萬人。案件主要涉及工資支付、保險繳納、非法解僱、賠償金過低（見圖 7.1）。

經濟危機過後，2010 年，全國仲裁受案量下降至 600,865 起，2011 年下降至 589,244 起。近幾年，各級政府要求工人通過調解等非正式手段解決糾紛，大大減少了仲裁案件受案量。但是到了 2012 年，儘管政府和工會加大了干預力度，勞動糾紛案件的數量卻再次激增（達到了 641,202 起），這説明在勞動關係領域仍然存在着深層衝突。

儘管在大陸我們得不到關於失去的工作日數、罷工領袖被捕和示威者受傷的系統信息，但以上數據説明，在工人和農民

圖 7.1　中國 1996 年至 2012 年接受仲裁的勞動爭議

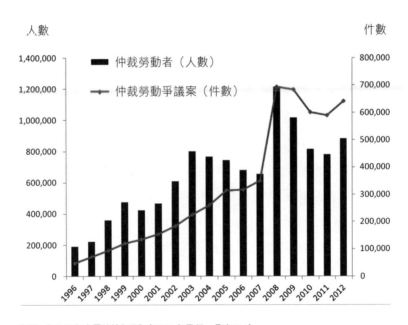

來源:《2013 年中國統計年鑒》(2014 年發行,見表 9.1)

中存在着廣泛不滿，也說明了工人的勞工意識有所提升，在此過程中珠江三角區的農民工扮演了主要角色。很多證據表明，在捍衛自身權利方面，農民工變得愈來愈主動了。他們發起了各種行動，包括個人行動和集體行動，尤其是直接的行動。也就是說，農民工發動集體行動，捍衛自身權益，並不限於通過既有的制度和法律途徑。在「激進化」的過程中，農民工更頻繁地發起了罷工、街頭行動和示威。

　　近幾年，中國的階級關係朝着兩極化的方向發展，並在不斷加深的勞動矛盾和不斷爆發的勞動行動中表現出來。對於中國工人來說，不管是私企、外企還是國企的工人，通過示威索要養老金、通過堵住公路追討拖欠工資、通過集體行動抗議非法賠償的集體抗爭已不再是外來新聞（Cai 2006; Chen 2007; Becker 2012; Butollo and ten Brink 2012）。大多數集體行動儘管建立在利益的基礎上，但卻常常伴隨着強烈的反外資情緒和工人權利的話語，因此具有政治性。在很多情況下，集體行動不局限於某個車間，不受制於組織者的來源地、民族、性別和同輩關係，行動試圖超越排他性的網絡關係和強紐帶，在勞動對抗資本的更為廣泛的意義上增強工人間的團結（Fantasia 1988）。有時候工人們還會跨廠聯合罷工，邀請同區的工人參加遊行、街頭抗議和堵路維權。

勞工行動還是階級行動？

工人抵抗從單一手段發展到多種手段，從單個工廠發展到跨工廠參與，從單純的法律行動發展到多種集體行動（Pun, Can and Sheldon, 即將出版）。一般情況下，工人會針對工廠管理，要求國家介入，畢竟中國依然自稱社會主義國家，為人民繁榮富強而奮鬥。然而，工人卻從中央政府的勞動權利話語中學會了維權的語言。為了緩解始於九十年代的行業緊張局面，政府頒佈了一系列的勞動法律法規，不僅僅是為了保護工人的勞動權益，更是為了瓦解資本和勞動之間的社會矛盾。因此在當代中國，「法制」不僅成了一種口號，也成了中國黨政體制確保政治合理性的一種手段（Gallagher 2006; Lee 2007）。「法制」也是黨國體制試圖通過法律理性重奪政治威權的一種去政治化（去意識形態化）過程。因此，改革時代「理性的」法制社會，取代了社會主義時期「非理性的」意識形態社會。這裏，「法制」被用來為產權的更迭和階級關係的變化提供辯護。法律信仰成了一種政治手段，用來在私有化和自由化的過程中，實現平穩的產權更迭，這導致財富快速轉移，社會階級和地位重構。法制主義絕不是用來支持公民參與的文化的，更不是用來保護工人的勞動權益的。工人們不得不在實際行動中認清這一「真相」。

讓我們來回顧一下第三章中提到的建築工人的集體行動。

建築業的政治經濟特徵已經形成了一種特殊的用工體系 —— 勞動分包體系。這種體制造就了一種特定的勞資關係，在這種關係中，一個人的合法勞動身份和勞動關係消失了，這導致了法律意義上的雙重缺席：老闆的「缺席」和勞動關係的「缺席」。這種雙重缺席導致了工資永遠不能按時發放，建築工人永遠要通過各種方法追討拖欠的工資，甚至發動集體行動。因此，法律問題吞噬並置換了階級關係。有趣的是，就算「雙重缺席」被法律問題所掩蓋，也很少有勞動糾紛通過正規的法律途徑訴諸法庭的。相反，大多數糾紛是在一系列勞工行動爆發後通過非正式的法律途徑得到解決的，特別是通過面對面的談判，但是這種談判往往會引發對建築公司的暴力抗爭。

當人們對分包體系失去信任時，工地和村莊就會不斷出現各種矛盾。工人們承擔着勞動分包體系不合理的後果，發現自己的勞動權利缺乏保護。如果不是超過了春節前拿到工錢的底線，農民工一般是不會採取行動的。但是一旦採取行動，他們往往會訴諸暴力：引發鬥毆，造成身體傷害，自殺，破壞建築物。

2008 年，女工只佔建築工地勞動力總數的 10%。同年 1 月，我們在工地上認識了女工阿蘭。她說：

> 年輕人不知建築業的艱辛。老闆讓我們日夜不停地幹活。早上四、五點起床，那時星星和月亮還亮着，我

們一直工作到晚上，中間吃飯休息的時間很短。伙食很
差，甚至我家的豬都比我吃得好，但是我們每天還得交
九塊錢的豬食費。

建築工人之間經常談論工作的艱辛。在建築業，工作時間
是不固定的。儘管到了冬天工作時間會縮短，但是每天工作
十三四個小時是常事。工人們認為在工地上幹活很苦、很髒、
很累。

工人們主要擔心的是工傷和死亡。但是，因為迷信，人們
拒絕使用「傷亡」等字眼。這意味着就算悲劇發生，工人也不
願與分包商討論賠償事宜。有一起突然死亡事件很能説明問
題。2009 年 3 月，老潘，一位來自湖北的五十七歲工人，已經
連續幹了三個月，沒有任何休息，也沒有拿到工錢。跟老潘同
在工地上幹活的兩個兄弟告訴我們，前一天晚上老潘下工回到
宿舍，説自己特別難受。第二天早上，老潘爬不起來，也沒錢
去醫院，於是就待在宿舍。十一點半兩兄弟回宿舍看老潘，卻
發現他渾身發抖，面色蒼白。老潘剛被送到醫院就去世了，死
亡時間是下午一點半。當時他兜裏只有一塊五毛錢。

女兒從湖北趕來為父親索要賠償金，但是分包商卻説沒
錢。然後老潘的女兒跟兩個叔叔和一個在北京工作的侄子一
起，找到了項目的勞務分包公司。公司起初否認存在勞務關
係，然後又説她父親是「自然死亡」，意思是不算工傷死亡。

項目經理最後告訴他們：「出於同情，我們願意給你二萬塊，用來辦喪事。」就在女兒猶豫不決時，侄子和經理間爆發了激烈的爭吵。經理很快叫來了十幾個幫手，把侄子打了一頓，把他們趕出了辦公室。「他們打我的頭，扭我的脖子。看看我身上的淤青吧，在這。」憤怒的侄子發誓要報仇，而兩個叔叔卻仍希望公司能給點錢，發放三個月的工資，這樣才能盡快回家辦喪事。

工人的生活中充滿了希望和絕望。在 2008 年冬天一個滴水成冰的晚上，我們再次來到工地宿舍，與阿蘭和工友見面。冷風透過牆上的裂縫吹進了屋，在這樣毫無遮攔、供暖不足的小木屋裏，溫度已經降到了零度以下，人們毫無睡意。項目幾天前就已經竣工了，但是工人們還沒有拿到工錢。他們焦急地等着，想盡快領到工錢回家過年。阿蘭和幾位同村老鄉與分包商爭執不下，工人急着回家，分包商卻讓他們再等等。他們爭吵的聲音如此之大，引來了一群工人圍觀。之後阿蘭抱怨説：

> 昨天，一些河南工人採取了行動，要回了自己的工資。為什麼我們還要等？等什麼？河南工人威脅要破壞剛建好的別墅，他們包圍了承包商在建築工地的辦公室，不許職員離開。然後職員報了警，來了兩輛警車。公司經理最後出現了，保證三天後發工資……但是我們呢？我們沒去鬧！我們怎麼才能要回工錢啊！

在工地上，爭吵和打架是平常事。分包商和工人之間關係緊張，口角經常升級為暴力事件。好幾次我們都目睹了鬥毆，要麼是工人和分包商打，要麼是分包商和工人聯合起來跟承包商打。2008 年 12 月，一位分包商叫上了二十名工人包圍了承包商的辦公室，要求發薪。承包商也叫來了幫手，於是爆發了集體鬥毆，結果很多工人都受了傷。

分包商告訴阿蘭他們，會在 12 月 26 日發放工錢。時間確定下來後，一些人買好了回家的火車票，希望盡快拿到工錢回家過年。26 日，分包商說承包商的錢還沒到。三天後，分包商說工人們得等到 1 月 3 日才行。1 月 3 日到了，分包商還是沒有發錢。焦急和憤怒開始彌漫整個工地。

1 月 4 日晚我們再次見到阿蘭時，她焦急地向我們求助：

> 你們是受過教育的人。你們肯定知道怎麼才能要回工錢。請告訴我們該怎麼做。我們在這兒累死累活地幹了三個月，卻沒錢回家。我們該拿什麼補貼家用？拿什麼來養孩子？

工人阿亭打斷了我們的談話，說：

> 我們得鬧。我們得讓他們看看我們的本事。幹活時，他們〔承包商派來的質控人員〕盯着我們，老是小題大做，現在活幹完了，卻把我們丟在一邊。我們什麼

都不是。我們得鬧才能拿回工錢！

不管是在城市還是農村，「鬧」意味着製造騷亂，是工人討要拖欠工資時最常提及的字眼。儘管工資遲遲不發，一些工人還是覺得「鬧」並非上策，因為這會導致工人和分包商之間的關係破裂，影響社會和諧。工地上的各種遭遇讓工人寒了心，但是除了「鬧」，他們別無他法。

漫長的等待滋生了絕望，引起了眾怒。阿蘭等人讓分包商出具書面證明，保證三日內結算工資。在大多數情況下，當老闆最終有錢付款時，工人得到的工資會比之前約定的數額少20%到30%。一位四川籍工人解釋道：「分包商之前答應每天七十，現在卻說只有五十。要不要，全看你，拿了錢就可以回家，不拿錢就還得等。」最終工人們還是妥協了。工人討價還價的能力是極其有限的，他們只要幹完活，就急着回家。可一旦項目竣工，工人就失去了影響工程進度、展示團結力量的機會。在工地待着卻沒活幹也是一種懲罰。工人不僅沒了收入，還得為一日三餐和其他開銷買單。在城市裏這樣乾等着造成了雙重損失：一方面不能回家忙秋收，一方面還得支付日常開銷。

阿蘭他們認為，既然沒有其他選擇，就應該立即採取行動。於是，追討拖欠工資的行動開始了。阿亭害怕乾等着：「如果1月6日到了老闆還是不發工資怎麼辦？我們不能再這樣等

下去了。」然後，他們展開了熱烈的討論，最終達成一致：第二天去住房和城鄉建設部，向政府工作人員求助。於是大家開始分頭準備，有些人準備請願書，有些人搜集承包商的相關信息，有些人收集證明勞動關係存在的證據，有些人去查建設部的地址。那天晚上，大家為了第二天的討薪之旅一夜未眠。包括阿亭在內的三名工人被選為工人代表，第二天前往建設部。位於北京市中心的住房和城鄉建設部，對他們來説是一個陌生的地方。但在他們看來，當弱者需要幫助時，可以要求與政府工作人員見面。

第二天，三位代表坐了三個小時的公交車趕到了建設部。他們趕到時已經是中午了，飢寒交迫，卻被告知來錯了地方。因為沒有勞動合同，他們得去勞動局尋求幫助。三人花了一個小時趕到勞動局，卻又被告知來錯了地方，他們得去區勞動局，從基層行政部門開始，不能越級上報。三人趕到區勞動局時已經快天黑了，他們發現這裏擠滿了從四面八方趕來的工人，都是為了追討被拖欠的工資。阿亭説。

> 有人靜靜地蹲在走廊上，等着跟工作人員見面。有人情緒激動，大喊大叫，説如果拿不到工錢，就要爬上樓頂跳樓自殺。

在場的其他工人紛紛表示贊同，説只有自殺才能讓老闆聽他們的，立即返還欠款。「老闆都沒良心」和「老闆的良心都

壞透了」是工人口中常見的説法。

　　阿亭他們還處於通過吸引政府的注意來進行索賠的階段。他和另外兩人又等了一個半小時，才走進區勞動局法律援助中心的辦公室。工作人員的第一個問題是是否帶了勞動合同，如果沒有勞動合同，就無法證明僱主的存在，勞動局也幫不上忙。工作人員客氣地對阿亭和同伴説，他們可以返回工地了，並承諾第二天跟承包公司聯繫，看看能不能解決問題。

　　建設部和區勞動局的工作人員都知道，大多數建築公司是不會主動跟工人簽訂勞動合同的。阿亭不禁要問：「如果勞動合同那麼重要，為什麼政府不強制簽訂呢？為什麼大家都沒有合同呢？」他對於被各部門踢來踢去感到十分憤怒。

　　當三人深夜回到工地時，他們無法冷靜，不斷表示如果拿不到錢，就別無選擇只能戰鬥了：「建築業不正常！我們幹了活卻拿不到工錢！……如果他們不給錢，我就算是拚了命，也要跟他們鬥下去。看他們敢不給錢！」但是那天晚上，阿亭還沒有走到採取暴力行動的地步。相反，他開始動員其他人，一起做了示威橫幅，上面寫着：「還我血汗錢！」在中國，這樣的示威總是肢體衝突爆發的前兆。這些衝突不是孤立事件；我們的大多數受訪者總是以各種方式參與到集體行動中來。

　　因為建築行業的本質是抗爭只能在工程完工後進行，所以集體行動只能在生產領域外展開，無法對生產進度造成威脅。工廠勞動跟工地勞動不同，在車間裏，一旦工人在生產過程中

發動罷工，公司利潤很快便會受到影響。而在工地，當建築工人走投無路時，自我毀滅或暴力反抗便成了家常便飯。2009年1月，在另一個工地，一位工人爬上了推土機，以自殺相威脅，想要討回工錢。建築公司報了警，警察趕到後命令工人盡快從車上下來，同時要求建築公司盡快返還欠款。2014年2月，一位本來以自殺相威脅的工人，最後卻意外墜樓不幸身亡。我們還聽說，有的工人提着斧子和大錘，包圍了剛建好的別墅，說如果不給錢就要毀了別墅。2014年6月，一群建築工人砸了售樓處，這裏本來是為了迎接購房客戶的。工人們在售樓處大喊：「公司只關心客戶，根本不管我們！」這最終引起了開發商的注意。後來開發商向建築公司施壓，最終解決了工資拖欠的問題。堵住道路然後吸引中央政府高級官員的注意，也是建築工人常用的一種抵抗手段。只有打亂城市的生活節奏，城市的建築者才能最終拿到工資。

　　在建築業，集體行動主要是針對工資拖欠和工傷賠償的，因為兩者源於生產領域，所以決定了工人行動的階級本質。建築工人在不合理的勞動分包體制下備受折磨，逐漸認識到自身的勞動權益很難得到保障。在中國，雖然統治話語強調法制主義，強調對農民工勞動權益的保障，建築工人卻很少嘗試通過勞動仲裁或訴訟來解決糾紛。大多數工人會直接採取個人或集體行動，對抗建築公司，或向地方政府施壓尋求保護。引發行動的原因是吊詭的，源於老闆和資本勞動關係在法律上的「雙

重缺席」。

　　一般直到底線（春節前拿到工資）遭到破壞時，工人才會採取行動。行動一旦開始，便會演變為暴力，引發鬥毆、身體傷害、自殺或建築物被破壞等。還記得阿蘭他們吧，當他們試圖討回被拖欠的工資時，是這樣説的：「你得還我們一個公道，幹了活卻不給錢不合天理啊。」一位工人説：「我們相信你，才依靠你來追討工錢：那是我們的血汗錢啊。不發工資是違法的。」「公道」（公正的原則）和「違法」（違反法律規定）是工人跟分包商爭論時的常用字眼。

　　可是在具體使用中，「公道」和「法律」卻有着其他的含義。「公道」是人們對道德的呼喚，源於人們對天理綱常中公正的深信不疑。在建築工人們的眼中，「公道」一旦受到威脅，就更加不可或缺了。因此，公正及大眾的深信不疑成了一種習慣性的概念。由於法律由國家制定或認可，所以屬於正式的法律概念。關於「公道」和「法律」，我們發現在工人提出訴求時，使用「公道」（公正的原則）比使用「違法」（違反法律規定）要更有力，當公正遭到踐踏時，人們也更憤怒。

　　法律信仰是中國政府的新創造，是改革時期新自由主義轉向的一部分。作為新意識形態，法律在現實中擁有崇高的地位，有助於我們理解農民、工人、老闆等社會行動者的規範行為。但是，如果説在中國精英的眼中，「構建法治社會」是一種積極嘗試的話，那麼對於農民和工人來説就不盡然了，後者

通過公正、人性和道德等原則來理解社會生活。「討個説法」是建築工人走進公司辦公室追討拖欠工資時常説的，工人尋求的是道德和正義，不是法律實踐的基本原理。

大多數時候，工人都在焦急地等待工資的發放，以便趕在春節前回家與家人團聚。工地上追討拖欠工資的抗爭，往往被看作是一種底線抗爭，因為它暴露了分包體制的暴力本質。勞動分包體制實現了資本對工人的剝削，這一點不難理解。因為在改革時期嚴禁討論階級問題，因此「公正」和「正義」的市場話語順勢取而代之，幻想着公平競爭帶來機會平等。當機會平等無法保障時，就出現了「不平等」的問題。

阿蘭是三個孩子的母親，在建築工地打工，她可沒男人那麼有耐性，可以一直等下去。阿蘭離家已有半年了。把孩子留在老家的唯一理由就是可以出來打工賺錢、補貼家用。所以阿蘭不能接受活幹完了卻不發工資！不管是否合法，採取行動追討工錢在道德上是合情合理的。在工地上，爭執和鬥毆已成家常便飯。工人解決勞動糾紛不會通過法律途徑，而是直接採取行動。

顯而易見，工人在説話時很少使用「階級」這個詞，而是用「公道」和「法律」來代替。簡單來説，不公道就是受到了不公正的對待，違反者超過了社會道德標準的底線。「正當抵抗」的話語遮蔽了「階級鬥爭」的話語，工人認為自己遭受的折磨屬於道德範疇而非階級剝削。從更深的層次上分析我們發

現，對不公道的控訴卻往往能觸及勞資關係的核心，例如，建築業在改革時期經歷了資本性質和產業結構的快速轉換，形成了新的生產關係。「沒有老闆」和「沒有勞動關係」的政治經濟學含義，資本與產業、管理和勞動的脫節，都直接與勞動分包體制的剝削本質有關。所有的勞動抗爭都源於建築業政治經濟背景的變化，因此具有階級鬥爭的性質。

宿舍工廠體制下的工人罷工

讓我們先暫停對建築工人的討論，關注一下工廠工人，從中理解宿舍工廠體制下工人集體行動的動員和發展，以及工人的訴求。在中國，很多農民工都在為跨國資本或國內資本服務，新農民工階級的崛起引發了新一波呼籲勞動權益保護的抗議。據觀察，每年都有很多農民工為了更好的生活來到城市。但是他們很快便失望了，義憤填膺或憂心忡忡，滿是委屈，最後採取直接行動。工廠農民工何時、以何種方式參與集體鬥爭呢？他們的委屈和不滿又是什麼？他們如何理解自己與資本和國家之間的對抗呢？他們如何利用底層經驗增強階級團結呢？

讓我們回顧一下第四章中阿辛的故事吧。宿舍勞動體制下不斷深化的半無產階級化進程，正是我們認識阿辛時的社會背景。2007 年 2 月，阿辛還在深圳一家為迪斯尼供應玩具的工廠工作。當我們遇見他和幾位同事的時候，他們正通過一系列

的集體行動，為工人爭取利益和權利。從那時起至 2008 年，阿辛和同事們的生活便失去了寧靜和舒適，他們在深圳經濟特區進行長期鬥爭，抵抗工廠搬遷，爭取合理賠償。就像阿辛的故事告訴我們的那樣，公司管理層只想留住管理人員和監管人員，所以主要説服他們遷往新廠。管理層還想留住那些「忠誠」的員工，就是工作五年以上的老工人。當然，只有少數人想去新廠，大多數人都不願在沒有補償金的情況下離開公司，因為去了新廠工資就少了四分之一。抗爭開始後，工人都不用加班了，因此有了更多的時間待在寢室，有了更多的機會商討加班補助相關事宜。他們閱讀深圳政府頒佈的勞動法規，討論法律問題。一些工人則開始搜集、記錄公司違法的證據，涉及付款、押金、工作時間、工作環境、合同和社保等方面。在宿舍裏，工人開始組織集體會議，構建關係網絡。當得知公司存在諸多違法行為和違規操作時，他們憤怒了。通過宿舍組織，工人們很快便意識到了公司做法和法律法規之間的差距。激進的集體行動遲早要發生。宿舍作為工人紮根、進行聯絡的場所或戰場，為階級形成和勞動組織帶來了全新的可能性，並對國家和全球資本主導下的抽象空間發起了挑戰。宿舍勞動體制包含了所有的控制和抵抗，激發了農民工根植於底層階級經歷之上的日常集體鬥爭。

　　我們認識阿辛的時候，他和四個同事已經離開玩具廠了。H 玩具廠有六百名工人，採用典型的宿舍勞動體制。80% 的工

人住在工廠宿舍裏，其餘 20% 住在附近的農村裏，享受租房補貼。2007 年 2 月阿辛離職時，已經是一名技工了，擔任模板部的領班。為了參加集體行動對抗公司，在為這家工廠工作一年後阿辛便辭職了。他回憶了當時的情形，說道，當他最後一次走出工廠時，發現自己既無路可進，亦無路可退。他在這個工作了十年的城市裏迷失了，那時他的事業才剛剛有點起色。中國農民工普遍面臨着困境，在我們在深圳和東莞研究過的工人中，已經工作了十多年的工人仍然沒有機會留在城市。在大城市工作的時間愈長，他們就愈能意識到自己在社會層面和空間層面所受的排斥。農民工中的一些人在為工廠打了幾年工後，能夠通過轉型為小店主、小商販或清潔工，繼續在城市逗留。但是他們仍是城市中的匆匆過客，幾無成為市民的可能。這便是中國城市政治空間的本質特徵，中國無產階級化的過程永遠無法完成，第一代和第二代農民工都感受到了這一點（Pun and Lu 2010）。

2007 年初，當阿辛發現工廠準備搬出深圳以降低生產成本時，他就開始動員工友，展開了一系列的集體行動。儘管在車間受到嚴密監控，阿辛和同事還是利用狹小的宿舍空間，頻繁召開會議，將宿舍變成了即將顛覆整個工廠的指揮部。據阿辛回憶，在進行了激烈的討論後，模板部的三十名工人一致推選阿辛和其他四位工人，作為代表起訴當地的勞動局，指控他們

漠視工人的需要，沒能執行那些保護勞動者的行政法律措施。[1]

這五位工人就是後來的「維權五君子」，著名的勞動維權鬥士。五人中，只有阿辛來自河南，其餘四人來自其他地方，包括湖南和江西。五人都在手板部上班，而且都已幹到了模板師傅的位置。儘管宿舍經常爆發熱烈的討論，工人們還是相信他們。五人都年過三十，其中年紀最大的老黃已經在這家工廠工作了五年，每個月可以拿到 4,200 塊的工資。阿辛只在這工作了一年，工資每月 2,200 塊。

工人因與管理層之間存在着矛盾而緊密地團結在一起，成了鬥士，而同住一間宿舍有助於工人進行組織動員。下班回到宿舍後，五位代表常常一起聽廣播，尤其是收聽有關法律和打工的節目。阿辛說，聽廣播對他們來說是一種「啟蒙」，他們從中學到了不少知識，包括企業不簽訂勞動合同是違法的，加班應該獲得雙倍或三倍的工資等。

2007 年 2 月 12 日，五位工人開始了行動，宣佈工廠非法運營。他們向工廠提交了一封公開信，要求「集體解除勞動關係」，理由是工廠沒有跟工人簽訂合法的勞動合同，而且沒有

1　集體行動剛開始時，大家準備的是提起法律訴訟，而不是發動罷工，因為手板部的工人沒有足夠的自信組織全廠罷工。但是行動開始後很快升級為罷工。

依法支付他們的社會保險金，此外還強迫工人超時工作，沒有為每天的加班及節假日加班支付加班費等。同時，阿辛和他的工友還敦促當地勞動局的官員幫助維護工人的合法權益。他們尤其提出勞動局應當確保工廠依照勞動法縮短工時，同工人簽訂合法的勞動合同，為工人繳納社會保險，為 2007 年 1 月和 2 月的超時工作支付加班費等。尤其引人注目的是，五位工人要求工廠支付過去兩年的累積加班費，總額達 65 萬元人民幣。對於上述要求，工人們的表達很清楚：

> 工人每月至少工作 28 天，每天至少 13 個小時。加班費只是在每天工作超過 9 小時以後才開始計算的。不但如此，工人每小時的工資低於法定工資 1 到 1.2 元。對於計件工人而言則根本沒有加班費。以老黃為例，2006 年 12 月他工作了 227 個小時（屬於「正常」上班時間），外加 114.5 個小時的加班。2007 年 1 月，他工作了 266 個小時，外加 87.5 個小時的加班。老陳 2006 年 12 月工作了 269.5 個小時，加班 77.5 個小時。

工廠搬遷是工人集體行動的催化劑。此前工人在車間不斷累積的憤怒、挫折和不公平感彷彿一下子找到了爆發點。工人們擔心工廠搬遷後可能會裁員，更擔心搬遷後追討加班工資會難上加難，這促使工人們採取行動。老黃說：

我們是工廠裏少數比較核心的熟練工人。我一個月可以掙到四千多塊，這不是一筆小數目。我不用擔心吃喝問題，但是我們缺乏安全感，也沒有一個體面的個人地位。儘管我們把青春和汗水獻給了深圳，但是我們還是沒有應有的地位，而且最終來說是召之即來、揮之即去，隨時可以取代的。當我們老了，得了慢性職業病，然後回到老家，然而我們既沒有養老金，又沒有健康保險，到那時我們該怎麼辦？

老黃說得很清楚，他並不是對工作條件或工資水平不滿，他擔心的是未來，是既沒有安全感又沒有尊嚴的職業前景。作為一個隨時可被取代的勞動者，他知道自己的位置是很脆弱的。當他老了，可能會被工廠拋棄，可能遭受慢性職業病的折磨，可能不得不回到老家。是既無前景又沒尊嚴的職業生活激起了他的憤怒和不平。

這五位工人沒有別的選擇，只能採取行動。他們正值壯年，都達到了自己職業生涯的高峰，等待他們的將是不可避免的下坡路，或者是被更年輕的工人所取代。他們都明白，自己積累的技能最終會被別人學會。工廠毫無回應，在這種進退兩難的處境下，他們別無選擇，決定採取激進行動。在要求勞動局判令工廠賠付未果後，他們很快將行動的目標從工廠轉到勞動局身上。五位工人充分利用互聯網查詢相關信息，很快便得

知當地勞動局有責任監督勞動條件，處理勞動糾紛。

　　在進入起訴階段的同時，這家迪斯尼供應商的六百名工人（其中多數是女工）也組織了一次罷工。2007 年 5 月，該廠同工人簽訂了一份短期勞動合同，並正式宣佈將於年底搬到東莞。9 月，工廠女工團結起來組織了多種形式的抗議活動，包括集體停工、抗議、撤回勞動合同等。他們要求工廠支付拖欠的加班費，要求經濟賠償，要求公司補交他們應得的社會保險金。[2] 工廠解僱了一些工人，當他們拖着行李走出工廠宿舍時，抱怨說「老闆們沒一個有良心」。

　　被拋棄的感覺不僅在離廠女工那裏非常強烈，在那些留下來的工人中也很普遍。工廠管理層態度強硬，他們表示根據《勞動法》，只需提前二十四小時通知工人就可以終止勞動合同，因此無需支付補償，多發一個月的工資已經是給予恩惠了，不是工人應得的。所以儘管有些工人已經在工廠工作了六年，他們還是應該高興地離開。這種說法令女工們更加憤怒。

　　同年 7 月，五位工人第二次向法庭提起訴訟。他們提交了一份詳細的報告，來說明勞動局對糾紛進行了不當的處理。他們要求法院推翻一審判決。更重要的是，他們堅持要求經濟補償，要求有保護自己利益的權利：「我們並不指望能贏得了政府，也沒有指望能要回所有補償。但是我們希望能探索一種新

2　見《南方都市報》，2007 年 9 月 12 日。

的可能性，探索一條保衛我們自己權益的新道路，並且希望這條路對其他工人能有所幫助。」[3]

2008 年 4 月，在等待法院判決結果達一年之後，五名維權工人中的三人 —— 阿辛、老黃和老陳 —— 最終決定去北京上訪。他們希望能從中央政府那裏尋求幫助，這也是他們最後的機會了。老黃説：「去北京是最後一步。我們幾乎把所有能想的法子都用過了。現在這是最後的辦法了，我們不想就此放棄。」他們在北京待了五天，在此期間他們去了勞動社會保障部，去了全國人大的信訪辦公室，去了最高人民法院、國務院和全國總工會。[4] 然而結果卻令他們絕望。儘管如此，阿辛和老陳還是認為他們的北京之行是值得的，因為在信訪辦公室排隊幾小時被驅逐之後，他們也意識到了只能靠自己。老陳説：「我對社會已經完全失望了。其實來之前我還是抱有一絲希望的，現在我們死心了。」工人的怨恨政治變成了一種絕望，和一種對無力、無助感的真正理解：「我們只能靠自己，不能信政府，不能信公司，我們要的只是一點公平而已。」

---

3 見《南方都市報》，2007 年 7 月 25 日。

4 中華全國總工會是政府領導的工會組織，是中華人民共和國境內唯一的官方全國性的工會聯合會。

富士康騷亂

自從富士康在 2010 年出現自殺潮之後，富士康工人就一直得到社會的持續關注。但是關於他們抵抗和集體行動的記錄和研究卻少之又少。在過去五年我們研究富士康工人的過程中，在富士康的不同園區，停工、靜坐、示威和騷亂頻繁爆發。

2012 年 9 月 24 日富士康發生騷亂，騷亂結束後，于忠紅，一位已經在富士康太原工廠工作兩年的二十一歲高中畢業生，給公司總裁郭台銘寫了一封公開信，這在富士康歷史上尚屬首次：

給富士康總裁郭台銘的一封信

郭台銘，

雖然你是我老總，我是打工的，但是我希望你能和我在一個問題上達成共識，那就是我們是平等的，我出賣勞力，你付給報酬，⋯⋯我有權力和你站在平等位置上講話如果你想晚上不再從深眠中被叫醒如果你不想再沒事在各地坐飛機奔波如果你不想再被美國的勞工組織調查如果你不想企業再被人稱為血汗工廠⋯⋯你要明白，在你的工廠做活，他們並不能從你的工廠得到他們想要的，他們生活在中國社會的最低層，承受着最大限

度的工作壓力，拿着最低的工資，接受最嚴格的管理，
忍受到處被歧視的目光……

　　請你明白，真正的將毀滅你的企業王國的原因，是
那種等級森嚴的制度，是那種被稱為特權的東西……

騷亂從 2012 年 9 月 23 日週日深夜開始，一直持續到 9 月
24 日清晨。在總人數為八萬人的富士康山西工廠，一萬多名
工人參加了騷亂，導致當日整條生產線被迫關閉，iPhone 手機
金屬部件的生產被迫中斷。保安趕到後也參與了集體鬥毆，幾
十名工人被毆打，嚴重受傷。9 月 24 日下午 3 時，五千名防
暴警察趕到事故現場。山西省省長王君也趕到現場「恢復法律
秩序」。這次騷亂之所以引人注目，不僅僅是因為抗議規模巨
大，還因為工人領袖表達了對整個工業帝國生產體系的控訴，
並大膽地提出了訴求。于忠紅和工友們勇敢地向富士康和工會
提出了要求，後者也負責地做出了相關回應。于忠紅的公開信
以三個「記住」結尾：

　　請你記住，從現在開始，把你的一級下屬當人看，
並要求他們把他們的下屬和下屬的下屬當人看

　　請你記住，從現在開始，改變你們台灣人高一等的
感覺，坐火箭的升遷速度和天地之差的薪資

　　請你記住，從現在開始，將總工會負責人撤換掉，
……使之成為真正的工會，發揮應有的作用

　　於忠紅是 90 後，在他成長的年代，大批農民工進城務工。和于忠紅同輩的兩億農民工構成了中國新工人階級的核心，若對這代人的共同經歷進行反思，我們就會發現他們面對的是宿舍勞動體制下的階級矛盾。新農民工中有很多人，特別是那些在城市長大、生活和工作的農民工二代、三代，感到了怨恨和憤怒：「我們經常被大吼大叫」、「我們的自尊心被無情地踐踏」，我們幹着工資低的工作，很難通過接受教育和培訓實現晉升。如果自殺屬於採取極端手段進行勞動抗議，以暴露工業世界工廠規訓的壓迫性的話，那麼于忠紅和工人們從此站起來了，用階級行動捍衛自己的尊嚴和權益。現在，中國正從擁有大量剩餘勞動力、年輕人口較多的國家，向勞動力市場緊縮、人口老齡化加劇的國家過渡（Gu and Cai 2011），在這種情況下，工人工資水漲船高，很多工廠開始向低工資的內陸省份轉移，發生這樣的行動實在讓人吃驚。富士康也不例外。

　　很明顯，工人在罷工或騷亂中所使用的「權益」一詞，不僅限於法律權利領域。為了維護富士康「底層」工人的尊嚴和共同利益，于忠紅憤怒地要求同總裁郭台銘「站在平等的位置上」講話。工人的世界觀中包含了「平等」，他們強烈要求工廠公正地對待每位工人。于忠紅還要求擁有組織管理權，要求建立真正意義上的工會，以保護工人。

　　我們如果對騷亂進行回顧便會發現，在富士康太原工廠，工人的不滿從 2012 年初開始演變為一系列的公開衝突。2012

年 3 月發生了一場罷工，六個月後，即在 9 月 23 日至 24 日，全廠爆發了騷亂，這促使于忠紅發佈了上述公開信。他的一位同事事後回憶道：「春節假期結束後，生產線工人的漲薪只有幾十元，最多一百元，而經理們則漲了幾百元，獲得了更多的福利。我們對這種不公平的工資政策感到非常憤怒。」2012 年 3 月 13 日，就在發工資的當天，A9 棟的一千多名工人放下了手中的工作，要求加薪。他們開始遊行，走到了工廠大門口，高喊着「罷工！罷工！」他們在公司入口和路上堵了半個小時，導致交通中斷。小店區政府和太原市政府也開始介入。儘管富士康的工資體系符合法律規定，但罷工者要求的加薪幅度高於規定。在集體遊街時，工人們對以維穩為重的地方政府發出了警告。支持管理層的警察很快驅散了五十多人所組成的罷工糾察線，迫使剩下的工人返回工廠繼續工作。

隨後，富士康展開了聲勢浩大的招工活動，大大增強了太原工廠的勞動力，因而這場罷工並沒有幫助工人實現加薪。工人對工資待遇、高速工作和人身侮辱的不滿仍然沒有得到解決。工人與管理者，特別是與台灣高層和大陸管理之間的交流被阻斷了。一位工人說，9 月 23 日晚 11 點左右，「幾個保安痛打兩名沒能出示員工 ID 卡的工人，保安一直在踢，直到兩人倒地」。幾名保安和工人在男工寢室展開了「血腥的戰鬥」，受害者的慘叫在黑夜中驚醒了很多人。

一位參與其中的工人説：「我們罵保安，讓他們停手。因

為我們有三十多人，所以保安跑了。」但是沒過多久，五十多名保安便衝進了寢室，激怒了聚在一起的工人。午夜，成千上萬的工人砸了保安室、生產設施、班車、摩托車、汽車、商店和食堂。有些人打碎了玻璃，拉倒了圍欄，有些人洗劫了超市和便利店。工人掀翻了警車，並付之一炬。保安主管用巡邏車上的廣播系統喊話，命令工人停止「非法活動」。但是隨着愈來愈多的工人加入了吶喊的人群，形勢一度失控。

于忠紅解釋道：「保安的毆打只是導火索。在過去的兩個月中，甚至生了病我們也還要上班。」iPhone 手機的訂單愈催愈緊，生產周期愈來愈短，工人和一線管理人員都承受着巨大的壓力，工人們一週七天都得工作，一天休息都沒有，生了病也得繼續工作。

在富士康頂着壓力完成蘋果公司和其他公司訂單的同時，工人展現了巨大的潛力。他們已經懂得了展現力量、要求改善工作環境的最好時機，就是公司在為生產訂單趕工時。工人通過打斷生產流程，停工一兩天，迫使僱主、政府和當地工會與其談判。這次騷亂最終實現了加薪。2013 年，富士康最終將太原工廠的工人工資提高到了每月 1,800 元，比當地最低工資標準高了 40%。而這只是一系列抗議的開始，富士康工人能夠通過集體行動或暴力反抗，維護自身合法權益，說明中國新農民工階級正在逐漸走向成熟。

近期工會改革

　　社會主義時期，特別是在「文化大革命」期間，國家不僅鼓勵工人罷工，還鼓勵工人參與工廠管理（Andreas 2008）。罷工權是受 1975 年和 1978 年《憲法》保護的。到了改革開放時期，為了對跨國資本敞開大門，在 1982 年及以後的憲法修改中，中國政府取消了罷工權。但是，隨着階級矛盾的加深和工人階級的成熟，不管是法律修訂還是法律霸權，都沒能阻止工人進行罷工。到了危急的時刻，工人一次又一次地通過發動各種集體行動來維護自身權益和利益。如今，勞動糾紛和社會動盪與日俱增，部分原因在於工人愈來愈年輕，受教育程度愈來愈高，遇到不公平的事情他們也不再忍氣吞聲，並有充足的理由要求更高的工資和更好的待遇。

　　近幾年，不管是在沿海城市還是內陸地區，勞資衝突大量爆發。地方政府採取了多種應對措施，如通過成立基礎組織或公司工會，對工人的不滿進行回應（Chan 2009）。從 1997 年到 2000 年，由於國家進一步推進國有企業的市場化改革，下崗的國企工會會員至少達到了一千七百萬人（Traub-Merz and Ngok 2012）。九十年代中期開始，一些政府領導開始支持工會擴大，支持更多的工人參與到工會活動中來。截止到 2009 年 12 月，「在進入中國市場的世界五百強中，有 92% 成立了工會」（Liu 2011），其中就包括富士康，工會數量的增長趨勢延

續至今。截止到 2012 年 1 月，在中國，工會已擁有 2.58 億會員，加入工會的勞動力數量為世界之最（《2013 年中國勞動統計年鑒》）。在這 2.58 億人中，36%（0.94 億）是農民工，從 2000 年開始，他們成為工會中發展速度最快的一批人。[5]

下面筆者將以富士康為例來說明中國的工會改革。從 1988 年到 2006 年，跟很多其他企業一樣，富士康忽略了企業有義務組建工會這一問題。2006 年 6 月，富士康生產蘋果 iPod 音樂播放器的龍華「血汗工廠」被英國報紙曝光了，此後中國媒體才開始關注富士康工人遭受的不公正對待和被迫非法超時加班。富士康通過在 2006 年的最後一天成立龍華工會來對媒體進行反擊。[6] 從 2007 年至今，工會主席由郭台銘的特別助理陳鵬女士擔任。

富士康成立保障工人權益的工會的過程，很能說明很多中國工人的經歷。在富士康，工會的組織架構折射了公司的等級制度，這一制度涵蓋了從生產線、事業部、事業群到公司管理

5　這跟美國、英國、澳大利亞和其他很多國家的情況形成了鮮明的對比，在這些國家中，由於企業重構和工作機會外流，私企中的工會會員人數只佔工業和服務業勞動人口總數的很小一部分。見新華社 2012 年 1 月 7 日報道 "20% of Chinese Join Trade Unions"（http://www.chinadaily.com.cn/china/2012-01/07/content_14400312.htm）。

6　見國際工會聯合會香港聯絡處（IHLO）2007 年 1 月 2 日文章 "ACFTU (All-China Federation of Trade Unions) Established a Union at Foxconn on the Very Last Day of 2006"（http://www.ihlo.org/LRC/ACFTU/030107.html）。

層的方方面面。在龍華工廠，2010 年 8 月，公司從 40 萬工人中選出了 249 名代表，組成了工會委員會。這 249 人都是管理人員，由公司進行指派。

「擺設」是大多數富士康工人對工會的評價。在一次綜合調查中，很多年輕工人問我們「什麼是工會？」。2010 年夏天，我們進行了一項 1,736 份問卷的調查，調查顯示 92% 的人表示「不知道工會是幹什麼的」，這意味着工人不明白工會的意義（Pun et al. 2012）。這對出生和成長於改革開放時代的新生代農民工來說是弔詭性的。80 後工人佔農民工總數的三分之二，跟父輩或上一代農民工相比，他們有更多的機會接觸新聞和各種信息，也更期望自己的權利和利益得到保護。但是他們缺乏關於工會的基本常識，甚至不知道工會的作用，因為在上學的時候，沒人告訴過他們。

公司鼓勵工人參加工會。但對於那些知道工會職責的人來說，工會只是一個「擺設」，一個組織歌唱比賽、封箱比賽的部門。工人李小勝年僅十七歲，關於工會看來是知道一點的，小李說：

〔深圳龍華〕工會只是裝飾。自殺潮過後，公司很快要求我們參加「珍愛生命」的大會。自此，工會組織了一系列的小活動，比如一日遊、唱歌舞蹈表演、籃球賽、情人節聯誼會等。這些活動能讓工人得到一定程度的放鬆。

在富士康，工會最常舉辦的是封箱比賽。工人們解釋説：
「封箱就是產品裝入箱子以後，把箱子封起來，這是線上的一
道工序。封箱比賽就是比誰的封箱速度快。」這項不加掩飾的
以提高生產力為目的的遊戲，搖身一變成了團建活動。「照我
看，工會是不會根據工人的需要組織活動的，根據的是公司的
需要。」小李説。

　　有效工會的缺失説明工人的期望值依然很低。動員工人參
加公司活動竟然變成了一項負擔。人力資源部的陳女士負責工
會活動統籌，她解釋道：

　　　　工會舉辦了很多不同的活動，但是每次都會惹下一
　　堆麻煩，每個部門都不得不強行派出一些工人參加活
　　動，比如一千人或二千人。與此同時，生產線還必須完
　　成生產目標。我們不得不多發通知，讓工人來參加活
　　動。我們都煩透了。

　　在深圳龍華工廠和觀瀾工廠，2011 年，富士康工會和區工
會曾經一起組織了一場演講比賽。諷刺的是，比賽題目被設定
為「我愛公司，公司愛我」。小梁和同事「沒有興趣」參加比
賽，甚至無視頗為誘人的獎品。在富士康的其他園區，例如昆
山工廠（其工會成立於 2007 年 5 月）和武漢工廠（其工會成
立於 2011 年 9 月），也舉辦了「公司關愛」類似主題的活動和
集會。工人表示，他們更希望放幾天假休息一下，而不是參加

公司的儀式，吟誦口號。

　　2010 年富士康發生多起員工自殺事件，中國媒體稱之為「連環跳」，在巨大的社會和政治壓力下，富士康正式宣佈工人將通過選舉組建工會，並宣佈富士康科技集團工會聯合會（包含全國所有的富士康工廠）的代表人數已經從 2007 年 1 月的 4 名，發展到了 2012 年 12 月的 2.3 萬名，93% 的工人已經加入了工會（富士康科技集團 2014 年）。在 2013 年 12 月的一份聲明中，富士康再次強調：「我們努力提高僱員在〔工會〕領導層中的比例」，提高員工對工會「促進工人權利」的認識。[7] 但是一年之後，到了 2014 年年底，根據我們的研究，富士康不僅沒有公佈工會民主選舉的細節，也沒有細化工人代表的權利與義務。

　　在富士康，儘管工會會員隊伍不斷擴大，但是隨着公司加速內遷，關於薪酬和工作調動的爭議卻有增無減，中西部的大城市正快速成為國際品牌的巨大生產基地，包括蘋果、微軟、三星和其他公司。工會沒對富士康強制工人遷往低工資地區的做法進行回應。富士康工會對公司管理層和當地政府的制度性依賴，是影響工人參與、權益保護、解決不滿和集體談判的主要障礙。

　　中國工會制度的特點是對彼此聯手的國家和資本產生雙重

7　富士康 2013 年 12 月 31 日發佈的一份聲明，第 4 頁。

依賴（Chen 2009）。在全球最大的「工會化」公司富士康，工人跟全國 2.7 億在辛苦工作的農民工一樣，沒有可靠的溝通渠道，無法表達自己的觀點，無法保護自己的權利，無法進行勞資談判。工會缺乏有效的運作機制，缺乏制度性的支持，當工人遇到困難時，不會想到向傳統工會求助，而是依靠自己的組織來進行反抗。當然，工人聯合的力量不限於工會組織。不能僅僅因為車間缺少有效的工會組織，就認定中國農民工缺乏組織能力。我們見證了工人行動的發展，見證了工人通過關係網絡進行非官方勞資談判能力的提升（Becker 2012）。工人通過非正式關係自發舉行罷工，展現了更大的力量，而不是更少。

小結：新工人階級的發展

全球資本和改革政府一道，將中國變成了「世界工廠」，將富士康變成了全球最大的生產車間。在世界工廠的背景下，新工人階級登上了歷史舞台，工人們一邊工作、生活，一邊開始了長期的抗爭。全球新自由資本主義在中國的出現，改變了中國工業化和城鎮化的進程，因此也從結構上改變了新工人階級。新生代農民工沒有選擇，要麼順應潮流，要麼逆流而動。今天，全球資本積累同中國政府一起，拓展了資本主義的生產關係，觸發了各種規模的矛盾，這些為新生代工人的抵抗開拓了空間。

　　本章通過探尋農民工的集體行動，説明了新工人階級形成的現實性和複雜性。我們認為，近幾年大多數集體行動均涉及生產中工人同公司之間的矛盾，且都是工人在宿舍裏組織的。工人在行動的時候往往會湧向街頭，走上高速，包圍辦公大樓，封鎖公司入口或政府大樓。他們吸引了媒體的注意，也招來了警方的鎮壓。因為這些行動直接對資本和國家機器的統治發起了挑戰，因此從本質上講，它們既是經濟性的，也是政治性的。

　　面對國內外資本同地方政府的緊密結合，權利受到侵害的中國工人在形成有力組織、維護本身權益等方面，遇到了巨大的阻礙。但是，我們已經記錄了他們在宿舍勞動體制下面對嚴酷鎮壓不斷開展的自發式罷工和規模不斷升級的鬥爭。就像我們之前説過的那樣，宿舍勞動體制的形成，對中國轉型成為世界工廠、新工人階級的崛起至關重要。宿舍體制的整個邏輯並不僅僅是為了維持嚴格的規訓和懲罰，而是為了創造一種自我規訓的話語，這一點在車間內被反覆強調。宿舍勞動體制體現了一種福柯式的內化監視，設置了一系列的規訓性規範，對日常生活進行隱秘監視和小心謹慎的自我監管。簡言之，創造出訓練有素的自我規訓的勞動力，從而實現生產最大化，這就是宿舍勞動體制的「政治技術」。正是在宿舍裏，新工人階級被肢解、被壓縮、被替換 —— 在全社會吞噬階級話語的霸權籌劃孕育了勞工鬥爭，而宿舍正是這一鬥爭的微觀戰場。

　　但是，凌駕於宿舍生活之上的福柯式權力技術，並不一定會塑造一批規訓化的勞動力。在霸權即將宣告階級在中國的死亡之際，工人卻對強加於己的話語性、結構性約束展開反抗，這些約束包括新自由主義，全球逐底競爭生產策略，社會主義戶口制度，模棱兩可的農民工身份，宿舍勞動體制。實際上，沒有一個工人真正遵守車間和宿舍規定。新打工主體無法依靠國家保護對抗工業全球化，只能積極改造宿舍空間，變為己用。擁擠的宿舍和深入的互動可能帶來矛盾，但是同宿舍、「共命運」，也將大家的工作生活緊密地交織和聯繫在了一起。在宿舍裏，在日常生活中，來自同一地方、擁有親戚關係的農民工常常聚在一起。他們也常常依靠老鄉和親戚的支持。這些關係網有助於農民工進行流動、尋找工作和交換工作信息，也有助於工人更好地面對工廠生活、克服城市生活中的困難。儘管從僱傭、培訓和規訓的角度來看，這些關係網有利於工業資本，但它們也奠定了工人聯絡的基礎，有助於工人適應陌生的環境。工廠利用關係網進行員工培訓、實現技術升級、加快適應工廠生活，也讓更多的工人知道了集體的力量，這種力量不僅僅關乎親屬、種族、性別，也涉及階級（Pun 2007）。

　　在這個危機、罷工頻發的年代，工人很容易將這些從老鄉網、少數族裔聚居區和集體中獲得的「軟」支持，在宿舍裏變成產業鬥爭所需的「硬」資源。在我們收集的一些案例中，請願信從一間宿舍傳到另一間宿舍，一晚上就能收集所有的簽

名。當工資拖延、身體懲罰、人身侮辱和失業發生時，工人正是在宿舍這一微型空間中商討對策的。宿舍很容易將工人們組織起來，對抗公司，因為在「共同抗爭」中沒有異見者存在的空間。即使沒有工會或勞工組織等正式組織幫助，在宿舍裏，工人也能高效地組織起來，並自發參與罷工。

讓工人對宿舍勞動體制滿意是極其困難的，這一問題從第一代農民工一直延續到了第二代。在宿舍勞動體制下，生產所需要的壓縮時間策略，其實也有利於縮短工人的組織時間，進而也縮短了工人達成共識、確定策略的時間。為了對抗物化，工人沒有其他選擇，只能保衛自己，通過在生活世界中實現自己的價值，拒絕被當成抽象的勞動。工人的生活世界擺脫異化，其關鍵在於宿舍，公司提供的宿舍是新工人主體的庇護所。我們在宿舍裏目睹了在地化的抗爭，宿舍不僅僅是工人跟資本對抗的戰場，也是發展新階級意識的爭論場所，因此儘管資本和國家的霸權性力量設下了重重障礙，新工人階級還是形成了。

而且我們也觀察到，年輕的農民工已經展現了在組織方面快速學習的能力。在同一工業區，只需幾個月他們就能以一組工人領導另一組工人的創新方式，勇敢地發起行動了。同樣，在擁有四十萬工人的富士康深圳龍華工廠，一位生產經理說：勞動矛盾和小規模罷工「每天都在進行」，幾乎「難以計數」。這說明工人學會了組織的技巧，並逐漸認識到只有通過聯合反

抗，才能實現基本權利。在深圳，一位湖南的年輕打工妹任芳向我們解釋了，在農民工為緩解大家不滿而鬥爭的過程中，階級意識和團結是如何增強的：

> 我不知道這就是罷工。一天，同事們紛紛放下了手頭的活，跑到操場上集合。我跟着他們。他們爭論不休，是關於加班時間瞞報和加班工資克扣的。半天之後，公司人力資源部的經理終於同意進行檢查。晚上回到宿舍，「大姐」跟我說，我參與了罷工！

在宿舍勞動體制下，年輕工人或新員工的勞動意識得到了增強。包括阿芳在內的多位富士康工人，其中很多人不過十六七歲，向我們講述了他們第一次參加集體行動的經歷。如果對於某些工人來說，罷工和參與罷工的話語還是全新的話，那麼對於其他大多數人來說，這種語言早已不再陌生。較高的農民工流動性有助於工人之間分享集體抗議和罷工的經歷，有助於新一代農民工培養階級意識。

但是，工人對抗公司的結構性弱點也十分明顯：中國嚴格限制集體談判權，即組織權和罷工權，地方政府則極力保證生產，保證就業。但是在車間裏和市場中，農民工確實擁有結構性的談判力量。到目前為止，這種力量主要是通過自發罷工和騷亂的形式展現的，工人直接繞過了代表公司和地方政府利益的官方工會。蘋果和其他巨頭公司對新型號的產品有時效性

的要求時，工人們則敏感地抓住了機會，在宿舍、車間和工廠裏頻繁集會，及時地提出自己的訴求。工人們反應迅速，利用暫時的勞動力短缺來提高自己的工資，並已取得了一連串的勝利。

儘管有組織的階級運動處處受限，農民工卻經常通過各種方式表達不滿、尋求改變，包括工廠罷工、停工、勞資雙方進行工資和社保談判、集體抗議、向媒體透露信息或向國家機器求助等（Qiu 2009）。農民工在建築工地進行的抗爭，是為了討回被拖欠的工資，是「底線」抗爭，這充分揭露了分包體系的殘酷本質，以及政治法律體制在保護農民工基本勞動權益方面的失敗。建築工人不難理解勞動分包體系的剝削本質，因為他們經常遇到工資拖欠、工傷無法得到賠償的情況。工人對「沒有老闆」和「沒有勞動關係」的反抗不再屬於法律範疇，而是法律話語掩蓋下的階級問題。

在這個快速變化的社會裏，集體行動導致了憤怒和暴力，有時也形成了合法行為和非法行為的混合體。當侵害工人們基本權利的行為受到法律保護時，工人行動便以維權的形式出現。但這並不意味着「法制社會」或法制主義的霸權話語已成功紮根於中國工人的內心。相反，一旦發現法律沒有站在自己這邊，工人對法制主義的堅信不疑就成了一把雙刃劍，信仰迅速坍塌。工人進一步發現不僅自己的基本勞動權不受法律保護，連他們自己也被法律拒之門外。一旦意識到法律武器「毫

無用處」，工人就會進一步地發動大規模罷工或跨廠抗議。

　　湯普森（E. P. Thompson）曾經說過，「當一批人從共同的經歷中得出結論（不管這種經歷是從前輩那裏得來還是親身體驗），感到並明確說出他們之間有共同利益，他們的利益與其他人不同（而且常常對立）時，階級就產生了。」（Thompson 1966）在中國的新工業區，階級語言被吞噬了，集體行動依然缺乏正式的政治綱領來對抗資本和國家聯盟，但是這並不意味着長此以往在這個快速變化的社會中，「以利益為基礎的」或「以階級為導向的」集體行動不會演變為政治運動。新生代工人在九十年代學會了組織技能，形成了集體意識。在此基礎上他們認識到為了抵抗資本剝削，不能靠法律，不能靠政府，只能依靠自己。我們已經看到了第二代農民工的自我意識、滿腔怒火和集體行動，也已經注意到了位於管控、宰制的網絡中心的他們，只能通過談判表達自己的能動性。儘管在結構上存在着重重障礙，新工人階級依然像變魔術一樣發動了大量日常和集體暴動，對資本產生威脅，讓國家更急於去征服他們。階級的對立加強了集體認同，反之亦然。通過參與集體行動，農民工不再是單個車間或生產小組中的原子化個體了。當參與其中時，他們通過日常經歷，形成了認同和階級意識。戈登·馬歇爾（Gordon Marshall）曾經說過：「事實上意識是社會行動的必要組成部分⋯⋯不能〔對他們〕單獨進行研究。」（1983: 263）意識根植於社會行動之中，兩者緊密聯繫、不可分割。

　　資本主義剝削和鎮壓的殘酷現實已經加強了工人的階級意識，讓他們在階級利益這一更高層面上產生認同，但這並不意味着工作崗位、城市地位、性別、地理位置等內部區分會就此消失。區分依然存在，並在他們的組織過程中產生內在的動力機制，在結構性的不利因素下，為自己的權益而鬥爭。隨着世界工廠的中國工人不斷進入全球生產，這一潛在的統一由這種結構性因素所奠定。在全球化的中國，作為世界知名品牌的供應商，工廠體制將壓力轉嫁到了一線員工的身上。在全球生產的關鍵節點，在高峰期，一群身居要職的工人一旦聯合起來，就能讓生產暫停下來。儘管工人們來自不同的地方，有着不同的性別，處在不同的崗位，但是他們多次自發採取行動，維護自己的基本權利和利益，其中就包括加入真正的工會這一基本要求，但是大多數人提出的訴求更為具體，比如更高的工資、更好的福利、更完善的社保和更安全的工作環境。

　　在新自由主義、經濟危機和「緊縮」盛行的年代，工人運動在全球範圍內處於守勢。在中國，愈來愈多的工人開始自發抗議，採取直接行動。這些鬥爭預示着在全球資本主義的時代，中國新工人階級在逐漸形成。在跨國生產中，日益加深的階級矛盾在國內引發了勞工行動。如果新生代農民工能夠成功地建立起自己的工會和工人自治組織，他們的抗爭將不僅改變中國，而且也會改變全世界勞工和民主的未來。

參考文獻

Andreas, Joel. 2008. "Changing Colors in China." *New Left Review* 54 (Nov/Dec): 123-42.

Appelbaum, Richard P. 2008. "Giant transnational contractors in East Asia: Emergent trends in global supply chains." *Competition & Change* 12(1): 69-87.

Appelbaum, Richard P. 2011. "Transnational Contractors in East Asia," in Gary G. Hamilton, Misha Petrovic and Benjamin Senauer (eds.), *The Market Makers: How Retailers are Reshaping the Global Economy.* Oxford: Oxford University Press, pp. 255-68.

Becker, Jeffrey. 2012. "The Knowledge to Act: Chinese Migrant Labor Protests in Comparative Perspective." *Comparative Political Studies* 45: 1379-404.

Bian, Morris L. 2009. *The Making of the State Enterprise System in Modern China: The Dynamics of Institutional Change.* Cambridge, MA: Harvard University Press.

Blecher, Marc. 2010. *China Against the Tides: Restructuring through Revolution, Radicalism, and Reform,* 3rd edn. New York: Continuum.

Braverman, Harry. 1998. *Labor and Monopoly Capital: The Degradation of Work in the Twentieth Century.* New York: New York University Press.

Burawoy, Michael. 1976. "The Functions and Reproduction of Migrant Labor: Comparative Material from Southern Africa and the United States." *American Journal of Sociology* 81(5): 1050-87.

Burawoy, Michael. 1985. *The Politics of Production: Factory Regimes under Capitalism and Socialism.* London: Verso.

Butollo, Florian and Tobias ten Brink. 2012. "Challenging the Atomization of Discontent: Patterns of Migrant-Worker Protest in China during the Series of Strikes in 2010." *Critical Asian Studies* 44(3): 419-40.

Cai, Fan. 2009. "The future of demographic dividend — Open up the origin of China's Economic Growth." *Zhongguo Renkou Kexue (The Science of China's Population)* 《中國人口科學》 1(1): 2-10 (in Chinese).

Cai, Yongshun. 2006. *State and Laid-Off Workers in Reform China: The Silence and Collective Action of the Retrenched.* London: Routledge.

Chan, Anita. 2001. *China's Workers under Assault: The Exploitation of Labor in a Globalizing Economy*. Armonk, NY: M. E. Sharpe.

Chan, Anita. 2003. "Racing to the Bottom: International Trade without a Social Clause." *Third World Quarterly* 24(6): 1011-28.

Chan, Anita. 2009. "Challenges and Possibilities for Democratic Grassroots Union Elections in China: A Case Study of Two Factory-Level Elections and Their Aftermath." *Labour Studies Journal* 34(3): 293-317.

Chan, Anita. 2011. *Walmart in China*. Ithaca, NY. Cornell University Press.

Chen, Feng. 2007. "Individual Rights and Collective Rights: Labor's Predicament in China." *Communist and Post-Communist Studies* 40(1): 59-79.

Chen, Feng. 2009. "Union Power in China: Source, Operation, and Constraints." *Modern China* 35(6): 662-89.

Chen, Feng and Xin Xu. 2012. "'Active Judiciary': Judicial Dismantling of Workers' Collective Action in China." *The China Journal* 67 (January): 87-107.

Chen, Zhiwu. 2008. *Gaige Kaifa 160 Nian (160 Years of Reform and Opening)*. Shanghai: Shanghai Renmin Chubianshi (Shanghai People's Publishing House).

Cheng, Tiejun and Mark Selden. 1994. "The Origins and Social Consequences of China's *Hukou* System." *The China Quarterly* 139 (September): 644-68.

China Labor Statistical Yearbook 2012. 2013. *Trade Union Members in Grassroots Trade Union by Region*. Beijing: China Statistics Press, pp. 405-6.

China Labor Statistical Yearbook 2013. 2014. Beijing: China Statistics Press.

Clark, Terry Nichols, and Seymour Martin Lipset. 1991. "Are social classes dying?" *International Sociology* 6(4): 397-410.

Clark, Terry Nichols, and Seymour Martin Lipset. 2001. *The Breakdown of Class Politics: A Debate on Post-Industrial Stratification*. Washington, DC: Woodrow Wilson Center Press.

Clarke, Simon, Chang-Hee Lee, and Qi Li. 2004. "Collective Consultation and Industrial Relations in China." *British Journal of Industrial Relations* 42(2): 235-54.

Cook, Sarah. 2002. "From rice bowl to safety net: Insecurity and social protection during China's transition." *Development Policy Review* 20(5): 615-35.

Culpan, Tim. 2012. "Apple Profit Margins Rise at Foxconn's Expense: Chart of the Day." *Bloomberg Business*, January 5. Available at: http://www.bloomberg.com/news/2012-01-04/apple-profit-margins-rise-at-foxconn-s-expense.html

Dang Guoying and Wenyuan Wu. 2014. "Land Planning and Management Reform: Right Adjustment and Legalistic Construction." *Faxue Yanjiu (Legal Studies)* 36: 57-75 (in Chinese).

Davis, Deborah S. and Feng Wang (eds.). 2009. *Creating Wealth and Poverty in Postsocialist China*. Stanford, CA: Stanford University Press.

Du, Runsheng. 2007. *Du Runsheng Zizhuan (Autobiography of Du Runsheng)*. Beijing: Beijing Renmin Chubianshi (Beijing People's Publishing House).

Fan, C. Cindy. 2003. "Rural-Urban Migration and Gender Division of Labor in Transitional China." *International Journal of Urban and Regional Research* 27(1): 24-47.

Fan, C. Cindy. 2004. "The State, the Migrant Labor Regime, and Maiden Workers in China." *Political Geography* 23(3): 283-305.

Fang, Zhengwei. 2003. "The Private Plot: The Minimal Protection of Peasant Workers." *Sannong Zhongguo (Peasant Issues of China)* 1: 41-4.

Fantasia, Rick. 1988. *Cultures of Solidarity: Consciousness, Action, and Contemporary American Workers*. Berkeley, CA: University of California Press.

Foucault, Michel. 1977. *Discipline and Punish: The Birth of the Prison*. New York: Random House.

Foxconn Technology Group. 2009. "Corporate social and environmental responsibility annual report 2008".

Foxconn Technology Group. 2010. "Corporate social and environmental responsibility annual report 2009".

Foxconn Technology Group. 2014. "Foxconn Corporate Social and Environmental Responsibility Annual Report 2013," p. 14. Available at: http://ser.foxconn.com/ViewAnuReport.do?action=showAnnual

Friedman, Eli. 2014. *Insurgency Trap: Labor Politics in Postsocialist China*. Ithaca, NY: Cornell University Press.

Friedman, Eli and Ching Kwan Lee. 2010. "Remaking the World of Chinese Labour: A 30-Year Retrospective." *British Journal of Industrial Relations* 48(3): 507-33.

Fukuyama, Francis. 2006. *The End of History and the Last Man*. New York: Simon and Schuster.

Gaetano, Arianne M. and Tamara Jacka (eds.). 2004. *On the Move: Women in Rural-to-Urban Migration in Contemporary China*. New York: Columbia University Press.

Gallagher, Mary E. 2006. "Mobilizing the Law in China: 'Informed Disenchantment' and the Development of Legal Consciousness." *Law and Society Review* 49(4):783-816.

Gallagher, Mary E. and Baohua Dong. 2011. "Legislating Harmony: Labor Law Reform in Contemporary China," in Sarosh Kuruvilla, Ching Kwan Lee and Mary E. Gallagher (eds.), *From Iron Rice Bowl to Informalization: Markets, Workers, and the State in a Changing China*. Ithaca, NY: Cornell University Press, pp. 36-60.

Gao Liang. 2009. "Globalization, Liberation of Thought and the Change of Economic Development Mode." *Kaifa Daobao (The Open Herald)*, 2009(2): 1-3 (in Chinese).

Gorz, Andre. 1997. *Farewell to the Working Class: An Essay on Post-Industrial Socialism*. London: Pluto Press.

Grush, Andrew. 2012. "iPhone 5's Killer New Feature: Scuffs, Scratches and Dents," *Mobile Magazine*, September 24. Available at: http://www.mobilemag.com/2012/09/24/iphone-5s-killer-new-feature-scuffs-scratches-and-dents/

Gu, Baochang and Yong Cai. 2011. "Fertility Prospects in China." United Nations Population Division, Expert Paper No. 2011/14.

Guang, Lei. 2005. "The Market as Social Convention: Rural Migrants and the Making of China's Home Renovation Market." *Critical Asian Studies* 37(3): 391-411.

Guthrie, Doug. 2012. *China and Globalization: The Social, Economic and Political Transformation of Chinese Society*. London: Routledge.

Han, Jun and Chuanyi Cui. 2007. "The Rising Tide of Doing Business among Returned Migrant Workers." *Zhongguo jingji shibao (China's Economic Times)*, December 27 (in Chinese).

Han, Sunsheng and George Ofori. 2001. "Construction Industry in China's Regional Economy, 1990-1998." *Construction Management and Economics* 19: 189-205.

Hardt, Michael, and Antonio Negri. 2005. *Multitude: War and Democracy in the Age of Empire*. New York: Penguin.

Harvey, David. 2007 [1982]. *The Limits to Capital*. London: Verso.

Harvey, David. 2010. *The Enigma of Capital and the Crises of Capitalism*. New York: Oxford University Press.

Harvey, David. 2014. *Seventeen Contradictions and the End of Capitalism*. New York: Oxford University Press.

Hayek, Friedrich August. 2009. *The Road to Serfdom: Text and Documents — The Definitive Edition*. Chicago, IL: University of Chicago Press.

Hershatter, Gail. 1986. *The Workers of Tianjin, 1900-1949*. Stanford, CA: Stanford University Press.

Honig, Emily. 1986. *Sisters and Strangers: Women in the Shanghai Cotton Mills, 1919-1949*. Stanford, CA: Stanford University Press.

Houtman, Dick, Peter Achterberg, and Anton Derks. 2009. *Farewell to the Leftist Working Class*. Piscataway, NJ: Transaction Publishers.

Howell, Jude A. 2008. "All-China Federation of Trade Unions beyond Reform? The Slow March of Direct Elections." *The China Quarterly* 196 (December): 845-63.

Hsing, You-tien. 1998. *Making Capitalism in China: The Taiwan Connection*.

New York: Oxford University Press.

Huang, Yasheng. 2003. *Selling China: Foreign Direct Investment during the Reform Era*. Cambridge: Cambridge University Press.

Huang, Yasheng. 2008. *Capitalism with Chinese Characteristics: Entrepreneurship and the State*. Cambridge: Cambridge University Press.

Huang Zong Zhi 2000 [1992]. 《長江三角洲小農家庭與鄉村發展》 *[Development of Small Farmer Families and Villages in the Yangtze Delta]*. Beijing: Zhonghua Book Company.

Hung, Ho-fung. 2008. "Rise of China and the Global Overaccumulation Crisis." *Review of International Political Economy* 15(2): 149-79.

Hung, Ho-fung (ed.). 2009. *China and the Transformation of Global Capitalism*. Baltimore, MD: Johns Hopkins University Press.

Hurtgen, Stefanie, Boy Luthje, Wilhelm Schumm and Martina Sproll. 2013. *From Silicon Valley to Shenzhen*. Lanham, MD: Rowman and Littlefield.

Jacka, Tamara. 2006. *Rural Women in Urban China: Gender, Migration and Social Change*. Armonk, NY: M.E. Sharpe.

Katznelson, Ira and Aristide R. Zolberg (eds.). 1986. *Working-Class Formation: Nineteenth-Century Patterns in Western Europe and the United States*. Princeton, NJ: Princeton University Press.

Kondo, Dorinne K. 1990. *Crafting Selves: Power, Gender, and Discourses of Identity in a Japanese Workplace*. Chicago, IL: The University of Chicago Press.

Kraemer, Kenneth L., Greg Linden and Jason Dedrick. 2011. "Capturing Value in Global Networks: Apple's iPad and iPhone." Available at http://econ.sciences-po.fr/sites/default/files/file/Value_iPad_iPhone.pdf

Kuruvilla, Sarosh, Ching Kwan Lee and Mary E. Gallagher (eds.). 2011. *From Iron Rice Bowl to Informalization: Markets, Workers, and the State in a Changing China*. Ithaca, NY: Cornell University Press.

Lebowitz, Michael A. 2003. *Beyond Capital: Marx's Political Economy of the Working Class*. Basingstoke: Palgrave Macmillan.

Lee, Ching Kwan. 1998. *Gender and the South China Miracle: Two Worlds of Factory Women*. Berkeley, CA: University of California Press.

Lee, Ching Kwan. 2002. "Three Patterns of Working-Class Transitions in China," in Francoise Mengin and Jean-Louis Rocca (eds.), *Politics in China: Moving Frontiers*. New York: Palgrave Macmillan, pp. 62-91.

Lee, Ching Kwan. 2007. *Against the Law: Labor Protests in China's Rustbelt and Sunbelt*. Berkeley, CA: University of California Press.

Leng, Tse-Kang. 2005. "State and Business in the Era of Globalization: The Case of Cross-Strait Linkages in the Computer Industry." *The China Journal* 53 (January): 63-79.

Leung, Pak-Nang and Pun Ngai. 2009. "The Radicalization of the New Chinese Working Class: A Case Study of Collective Action in the Gemstone Industry." *Third World Quarterly* 30(3): 551-65.

Lichtenstein, Nelson (ed.). 2006. *American Capitalism: Social Thought and Political Economy in the Twentieth Century*. Philadelphia, PA: University of Pennsylvania Press.

Lin, Yifu. 2002. "Self-Sustainable Power and the Deep Problem of Reform." *Jingji Shehui Tizhi Bijiao (The Comparison of Economic and Social Systems)*, 2: 3-10 (in Chinese).

Liu, Mingwei. 2011. "'Where There are Workers, There Should Be Trade Unions': Union Organizing in the Era of Growing Informal Employment," in Sarosh Kuruvilla, Ching Kwan Lee and Mary E. Gallagher (eds), *From Iron Rice Bowl to Informalization: Markets, Workers, and the State in a Changing China*. Ithaca, NY: Cornell University Press, pp. 157-72.

Lu, Xiaobo and Elizabeth J. Perry (eds). 1997. *Danwei: The Changing Chinese Workplace in Historical and Comparative Perspective*. New York: M.E. Sharpe.

Lu, You-Jie and Paul W. Fox. 2001. The Construction Industry in China: Its Image, Employment Prospects and Skill Requirements. Working Paper No. 180. Geneva: International Labour Organization.

Mao, Zedong. 1965 [1926]. *Selected Works of Mao Tse-Tung, Vol. 1*. Beijing: Foreign Language.

Marshall, Gordon. 1983. "Some Remarks on the Study of Working-Class Consciousness." *Politics & Society* 12(3): 263-301.

Marx, Karl. 1990 [1867]. *Capital: A Critique of Political Economy. Volume One*. Trans. Ben Fowkes. London: Penguin Classics.

Mayo, Richard E. and Gong Liu. 1995. "Reform Agenda of Chinese Construction Industry", *Journal of Construction Engineering and Management* 121(1): 80-5.

Ngok, Kinglun. 2008. "The Changes of Chinese Labor Policy and Labor Legislation in the Context of Market Transition." *International Labor and Working- Class History* 73: 45-64.

Ong, Aihwa. 1987. *Spirits of Resistance and Capitalist Discipline: Factory Women in Malaysia*. Albany, NY: State University of New York Press.

Pakulski, Jan. 1993. "The Dying of Class or Marxist Class Theory?" *International Sociology* 8(3): 279-92.

Perlin, Ross. 2011. *Intern Nation: How to Earn Nothing and Learn Little in the Brave New Economy*. London: Verso.

Perry, Elizabeth J. 1993. *Shanghai on Strike: The Politics of Chinese Labor*. Stanford, CA: Stanford University Press.

Perry, Elizabeth J. and Mark Selden (eds.). 2010. *Chinese Society: Change, Conflict and Resistance*, 3rd edn. London: Routledge.

Pringle, Tim. 2013. "Reflections on Labor in China: From a Moment to a Movement." *The South Atlantic Quarterly* 112(1): 191-202.

Pun, Ngai. 2005. *Made in China: Women Factory Workers in a Global Workplace*. Durham, NC: Duke University Press.

Pun, Ngai. 2007. "The Dormitory Labor Regime: Sites of Control and Resistance for Women Migrant Workers in South China." *Feminist Economics* 13(3): 239-58.

Pun, Ngai and Jenny Chan. 2012. "Global Capital, the State, and Chinese Workers: The Foxconn Experience." *Modern China* 38(4): 383-410.

Pun, Ngai and Huilin Lu. 2010a. "Unfinished Proletarianization: Self, Anger and Class Action of the Second Generation of Peasant-Workers in Reform China." *Modern China* 36(5): 493- 519.

Pun, Ngai and Huilin Lu. 2010b. "A Culture of Violence: The Labor Subcontracting System and Collective Actions by Construction Workers in

Post-Socialist China." *The China Journal* 64: 143-58.

Pun, Ngai and Anita Koo. 2014. "A 'World-Class' (Labor) Camp/us: Foxconn and China's New Generation of Labor Migrants." *positions* 23(3): 411-35.

Pun, Ngai and Chris Smith. 2007. "Putting Transnational Labour Process in its Place: Dormitory Labour Regime in Post-Socialist China." *Work, Employment and Society* 21(1): 27-46.

Pun, Ngai, Chris Chan and Jenny Chan. 2010. "The Role of the State, Labour Policy and Migrant Workers' Struggles in Globalized China." *Global Labor Journal* 1(1): 132-51.

Pun, Ngai, et al. (eds.). 2012. *Wo Zai Fushikang (Working at Foxconn)*. Beijing: Zhishi Chanquan Publishing (Knowledge Property Publishing House).

Pun, Ngai, Jenny Chan and Mark Selden. Forthcoming. *Dying for an iPhone: Foxconn and the Struggle of the New Generation of Chinese Workers*. New York: Rowan and Littlefield.

Qin, Hui. 2006. "Do Peasants Oppose Land Ownership?" *Jingji guancha bao (Economic Watch Newsletter)*, September 4.

Qiu, Jack Linchuan. 2009. *Working-Class Network Society: Communication Technology and the Information Have-Less in China*. Cambridge, MA: MIT Press.

Robinson, Ian. 2010. "The China Road: Why China is Beating Mexico in the Competition for US Markets". *New Labor Forum* 19(3): 51-6.

Rofel, Lisa. 1999. *Other Modernities: Gendered Yearnings in China after Socialism*. Berkeley, CA: University of California Press.

Ross, Andrew. 2006. *Fast Boat to China: Corporate Flight and the Consequences of Free Trade — Lessons from Shanghai*. New York: Pantheon Books.

Sargeson, Sally. 1999. *Reworking China's Proletariat*. Basingstoke: Palgrave Macmillan.

Schram, Stuart. 1969. *The Political Thought of Mao Tse Tung*. New York: Praeger.

Scott, Robert. 2012. The China Toll: Growing US Trade Deficit with China Cost More Than 2.7 Million Jobs between 2001 and 2011, with Job Losses in Every State. Economic Policy Institute Briefing Paper #345. Available at: http://www.epi.org/publication/bp345-china-growing-trade-deficit-cost/

Sennett, Richard and Jonathan Cobb. 1972. *The Hidden Injuries of Class*. New York: W. W. Norton.

Shaffer, Lynda. 1978. "Mao Zedong and the October 1922 Changsha Construction Workers' Strike." *Modern China* 4(4): 379-418.

Silver, Beverly J. 2003. *Forces of Labor: Workers' Movements and Globalization since 1870*. Cambridge: Cambridge University Press.

Smith, Chris. 2003. "Living at Work: Management Control and the Chinese Dormitory Labour System." *Asia Pacific Journal of Management* 20: 333-58.

Smith, Chris and Ngai Pun. 2006. "The Dormitory Labour Regime in China as a Site for Control and Resistance 1." *The International Journal of Human Resource Management* 17(8): 1456-70.

So, Alvin Y. (ed.). 2003. *China's Developmental Miracle: Origins, Transformations, and Challenges*. Armonk, NY: M. E. Sharpe.

Solinger, Dorothy J. 2009. *States' Gains, Labor's Losses: China, France, and Mexico Choose Global Liaisons, 1980-2000*. Ithaca, NY: Cornell University Press.

Taylor, Bill, Kai Chang, and Qi Li. 2003. *Industrial Relations in China*. Cheltenham: Edward Elgar.

Thireau, Isabelle and Hua Linshan. 2003. "The Moral Universe of Aggrieved Chinese Workers: Workers' Appeals to Arbitration Committees and Letters and Visits Offices," *The China Journal* 50: 83-103.

Thompson, E. P. 1966. *The Making of the English Working Class*. New York: Vintage Books.

Traub-Merz, Rudolf and Kinglun Ngok (eds.) 2012. *Industrial Democracy in China: With Additional Studies on Germany, South-Korea and Vietnam*. Beijing: China Social Sciences Press. http://chinastudygroup.net/wp-content/uploads/2012/07/Industrial-Democracy-2012.pdf

Vogel, Ezra F. 2011. *Deng Xiaoping and the Transformation of China*. Cambridge, MA: Belknap Press of Harvard University Press.

Walder, Andrew G. 1986. *Communist Neo-Traditionalism: Work and Authority in Chinese Industry*. Berkeley, CA: University of California Press.

Walder, Andrew G. 1991. "Workers, Managers and the State: The Reform Era and the Political Crisis of 1989." *China Quarterly* 127 (September): 467-92.

Wang, Hui. 2013. "The Crisis of Representativeness and Post-Party Politics." *Modern China* 40(2): 214-39.

Wu, Jinglian. 2006. "What Kind of Industrialization that China Should Take." *Guanli Shijie (Management World)* 8: 1-7 (in Chinese).

Yan, Hairong. 2008. *New Masters, New Servants: Migration, Development, and Women Workers in China*. Durham, NC: Duke University Press.

Yao, Yang, "Neixu weishenme bu zu? — Zhongguo zengzhang moshi yu hongguan jingji xilie zhi yi" [Why is domestic demand insufficient? First in a series on macroeconomics and the Chinese development model], in *Nanfang Zhoumo [Southern Weekend]*, September 19, 2009.

Zhang, Li. 2001. *Strangers in the City: Reconfigurations of Space, Power, and Social Networks within China's Floating Population*. Stanford, CA: Stanford University Press.

Zhou, Qiren. 2008. "Ten Years of Rural Reform: Substantial Progress and Institutional Innovation." *Jiaoxue yu Yanjiu (Teaching and Research)* 5: 1-4.

鳴　謝

　　如果沒有各位中國農民工積極地參與到各項研究課題當中，這一本書是不可能完成的。我首先要感謝他們對我的信任，無私地與我、我的同事和學生們分享了他們的經驗、故事和掙扎。我有幸與一個對社會有極大關懷的研究團體合作，這個團隊由多個高校的老師和學生組成，在不同的時段，有不同的參與。我必須感謝盧暉臨、郭于華和沈原，他們是我過去五年中最重要的研究支持者。沒有他們一直默默的支持，這些課題是不可能完成的。

　　這些年來一直陪伴我做研究的，還有我的學生和同事們，他們分享了我做田野和寫作的種種苦與樂。我特別需要感謝的是：張慧鵬、李大君、梁自存、蘇熠慧、范璐璐、鄧韻雪、李長江、鄔倫靜、唐偉峰、金舒恒、劉亞、陳航英、吳子峰、吳倩文、顧靜華、嚴海蓉、古學斌、蘇耀昌和邱林川等等。

　　在我的寫作過程中，我還受益於 Chris Smith, Michael Burawoy, Peter Evans, Ralf Ruckus, Ferruccio Gambino, Devi Sacchetto, Rutvica Andrijasevic, Jonathan Unger 和陳佩華等等的幫助，他們往往對我提出有益的批評和意見。

　　我非常感激大學師生監督無良行動和女工關懷，其中的成員包括梁柏能、丘子勤、陳允中、蔡雪華和梁淑美多年的幫助和支持。

　　我也非常感激牛穎和王行坤抽出寶貴的時間，對此書作翻譯和校對的工作。書稿的部分章節已經發表在 *Modern China*、*China Journal*、*Global Labour Journal*、*Work, Employment and Society* 和 *Cultural Anthropology* 等學術期刊，我需要鳴謝各個刊物的編輯和審閱員。同時，我對香港理工大學中國發展與研究網絡、香港理工大學－北京大學社會工作研究和 RGC 課題 "A New Age of World Factory: Capital Expansion, the Role of State and Foxconn Production in China" (2012–2015) 做出鳴謝。

　　最後，我想感謝我的家人，特別是我媽媽、哥哥和弟弟。他們在我最需要幫助的時候，總會伸出他們的雙手。